COMPRENDRE L'EMPIRE

DU MÊME AUTEUR

Essais

Les Mouvements de mode expliqués aux parents, *Robert Laffont*, 1984 (en collaboration avec Hector Obalk et Alexandre Pasche).

La Création de mode, *S.I.S.*, 1987.

Sociologie du dragueur, *Éditions Blanche*, 1996.

Vers la féminisation ?, *Éditions Blanche*, 1999.

Jusqu'où va-t-on descendre ?, *Éditions Blanche*, 2002.

Socrate à Saint-Tropez, *Éditions Blanche*, 2003.

Romans

La Vie d'un vaurien, *Éditions Blanche*, 2001.

Misères du désir, *Éditions Blanche,* 2004.

Chute !, *Éditions Blanche,* 2006.

Films de court métrage

Chouabadaballet, une dispute amoureuse entre deux essuie-glaces, *Éditions Soral*, 1990.

Les Rameurs, misère affective et culture physique à Carrière-sur-Seine, *Agat films*, 1993.

Film de long métrage

Confession d'un dragueur, *Flach films*, 2001.

© Éditions Blanche, Paris, 2011
ISBN : 9782846282482
Imprimé en France

Alain SORAL

COMPRENDRE L'EMPIRE

Demain la gouvernance globale ou la révolte des Nations ?

ESSAI

Collection dirigée par Franck Spengler

2011
ÉDITIONS BLANCHE
38, rue La Condamine
PARIS 17e

À tous ceux qui m'ont aidé
et qui se reconnaîtront.

Il est évident que la carrière de polémiste est infiniment moins capitonnée que celle de poète élégiaque ou de romancier mondain. Le pamphlet conduit rarement à la fortune, encore moins aux honneurs. Son plus clair bénéfice est une longue suite de démêlés avec la Justice et l'opinion. De manière invariable, l'écrivain de combat doit subir les reniements, les coups de ceux-là qu'il croit défendre, et qu'en fait il défend. Quels que soient son temps, son parti, qu'il s'appelle Marat, Courier, Carrel, Veuillot, Vallès, Rochefort, Drumont, Bloy, Tailhade, Zola, Cassagnac, Jouvenel, Daudet, Maurras, son sort est réglé, plus ou moins tragiquement, également ingrat.

D'où vient donc que toujours, en dépit de tout et de tous, il se trouvera des hommes qui, dédaigneux des facilités de la vie, se consacreront en connaissance de cause à la plus redoutable des tâches humaines, qui est de jeter l'alarme aux jours de grand péril, et, s'il le faut, de crier malheur sur les contemporains?

C'est que le monde littéraire n'est pas entièrement composé de littérateurs. Il se trouve des hommes qui ne se réfugient pas dans leur œuvre... Ces hommes se

battent. Ils se battent parce que s'ils ne se battaient pas,
nul ne se battrait à leur place. Et pourquoi se battent-
ils? Par devoir civique, assurément, mais encore et
surtout pour l'honneur de leur profession. Seuls et
désarmés, ils vont au cœur de la bataille parce qu'ils
obéissent à leur mission. Ils se mentiraient à eux-
mêmes, s'ils renonçaient au combat.

Henri Béraud

* * *

Hier, à travers la foule du boulevard, je me sentis
frôlé par un Etre mystérieux que j'avais toujours désiré
connaître, et que je reconnus tout de suite, quoique je
ne l'eusse jamais vu. Il y avait sans doute chez lui,
relativement à moi, un désir analogue, car il me fit, en
passant, un clignement d'oeil significatif auquel je me
hâtai d'obéir. Je le suivis attentivement, et bientôt je
descendis derrière lui dans une demeure souterraine,
éblouissante, où éclatait un luxe dont aucune des
habitations supérieures de Paris ne pourrait fournir un
exemple approchant. Il me parut singulier que j'eusse
pu passer si souvent à côté de ce prestigieux repaire sans
en deviner l'entrée. Là régnait une atmosphère exquise,
quoique capiteuse, qui faisait oublier presque
instantanément toutes les fastidieuses horreurs de la
vie; on y respirait une béatitude sombre, analogue à
celle que durent éprouver les mangeurs de lotus quand,
débarquant dans une île enchantée, éclairée des lueurs
d'une éternelle après-midi, ils sentirent naître en eux,
aux sons assoupissants des mélodieuses cascades, le désir
de ne jamais revoir leurs pénates, leurs femmes, leurs

enfants, et de ne jamais remonter sur les hautes lames de la mer.

Il y avait là des visages étranges d'hommes et de femmes, marqués d'une beauté fatale, qu'il me semblait avoir vus déjà à des époques et dans des pays dont il m'était impossible de me souvenir exactement, et qui m'inspiraient plutôt une sympathie fraternelle que cette crainte qui naît ordinairement à l'aspect de l'inconnu. Si je voulais essayer de définir d'une manière quelconque l'expression singulière de leurs regards, je dirais que jamais je ne vis d'yeux brillant plus énergiquement de l'horreur de l'ennui et du désir immortel de se sentir vivre.

Mon hôte et moi, nous étions déjà, en nous asseyant, de vieux et parfaits amis. Nous mangeâmes, nous bûmes outre mesure de toutes sortes de vins extraordinaires, et, chose non moins extraordinaire, il me semblait, après plusieurs heures, que je n'étais pas plus ivre que lui. Cependant le jeu, ce plaisir surhumain, avait coupé à divers intervalles nos fréquentes libations, et je dois dire que j'avais joué et perdu mon âme, en partie liée, avec une insouciance et une légèreté héroïques. L'âme est une chose si impalpable, si souvent inutile et quelquefois si gênante, que je n'éprouvai, quant à cette perte, qu'un peu moins d'émotion que si j'avais égaré, dans une promenade, ma carte de visite.

Nous fumâmes longuement quelques cigares dont la saveur et le parfum incomparables donnaient à l'âme la nostalgie de pays et de bonheurs inconnus, et, enivré de toutes ces délices, j'osai, dans un accès de familiarité qui ne parut pas lui déplaire, m'écrier, en m'emparant d'une coupe pleine jusqu'au bord: «À votre immortelle santé, vieux Bouc!»

Nous causâmes aussi de l'univers, de sa création et de sa future destruction; de la grande idée du siècle, c'est-à-dire du progrès et de la perfectibilité, et, en général, de toutes les formes de l'infatuation humaine. Sur ce sujet-là, Son Altesse ne tarissait pas en plaisanteries légères et irréfutables, et elle s'exprimait avec une suavité de diction et une tranquillité dans la drôlerie que je n'ai trouvées dans aucun des plus célèbres causeurs de l'humanité. Elle m'expliqua l'absurdité des différentes philosophies qui avaient jusqu'à présent pris possession du cerveau humain, et daigna même me faire confidence de quelques principes fondamentaux dont il ne me convient pas de partager les bénéfices et la propriété avec qui que ce soit. Elle ne se plaignit en aucune façon de la mauvaise réputation dont elle jouit dans toutes les parties du monde, m'assura qu'elle était, elle-même, la personne la plus intéressée à la destruction de la superstition, et m'avoua qu'elle n'avait eu peur, relativement à son propre pouvoir, qu'une seule fois, c'était le jour où elle avait entendu un prédicateur, plus subtil que ses confrères, s'écrier en chaire : « Mes chers frères, n'oubliez jamais, quand vous entendrez vanter le progrès des lumières, que la plus belle des ruses du diable est de vous persuader qu'il n'existe pas ! »

Le souvenir de ce célèbre orateur nous conduisit naturellement vers le sujet des académies, et mon étrange convive m'affirma qu'il ne dédaignait pas, en beaucoup de cas, d'inspirer la plume, la parole et la conscience des pédagogues, et qu'il assistait presque toujours en personne, quoique invisible, à toutes les séances académiques.

Encouragé par tant de bontés, je lui demandai des nouvelles de Dieu, et s'il l'avait vu récemment. Il me répondit, avec une insouciance nuancée d'une certaine tristesse : « Nous nous saluons quand nous nous rencontrons, mais comme deux vieux gentilshommes, en qui une politesse innée ne saurait éteindre tout à fait le souvenir d'anciennes rancunes. »

Il est douteux que Son Altesse ait jamais donné une si longue audience à un simple mortel, et je craignais d'abuser. Enfin, comme l'aube frissonnante blanchissait les vitres, ce célèbre personnage, chanté par tant de poètes et servi par tant de philosophes qui travaillent à sa gloire sans le savoir, me dit : « Je veux que vous gardiez de moi un bon souvenir, et vous prouver que Moi, dont on dit tant de mal, je suis quelquefois bon diable, pour me servir d'une de vos locutions vulgaires. Afin de compenser la perte irrémédiable que vous avez faite de votre âme, je vous donne l'enjeu que vous auriez gagné si le sort avait été pour vous, c'est-à-dire la possibilité de soulager et de vaincre, pendant toute votre vie, cette bizarre affection de l'Ennui, qui est la source de toutes vos maladies et de tous vos misérables progrès. Jamais un désir ne sera formé par vous, que je ne vous aide à le réaliser ; vous régnerez sur vos vulgaires semblables ; vous serez fourni de flatteries et même d'adorations ; l'argent, l'or, les diamants, les palais féeriques, viendront vous chercher et vous prieront de les accepter, sans que vous ayez fait un effort pour les gagner ; vous changerez de patrie et de contrée aussi souvent que votre fantaisie vous l'ordonnera ; vous vous soûlerez de voluptés, sans lassitude, dans des pays charmants où il fait toujours chaud et où les femmes sentent aussi bon que les fleurs, — et caetera, et caetera… », ajouta-t-il en se levant et en me congédiant avec un bon sourire.

Si ce n'eût été la crainte de m'humilier devant une aussi grande assemblée, je serais volontiers tombé aux pieds de ce joueur généreux, pour le remercier de son inouïe munificence. Mais peu à peu, après que je l'eus quitté, l'incurable défiance rentra dans mon sein ; je n'osais plus croire à un si prodigieux bonheur, et, en me

couchant, faisant encore ma prière par un reste
d'habitude imbécile, je répétais dans un demi-sommeil
«Mon Dieu! Seigneur, mon Dieu! faites que le diable
me tienne sa parole!»

Charles Baudelaire
Spleen de Paris, Le joueur généreux

* * *

Tu casses des cailloux, vieillard, sur le chemin;
Ton feutre humble et troué s'ouvre à l'air qui le
mouille;
Sous la pluie et le temps ton crâne nu se rouille;
Le chaud est ton tyran, le froid est ton bourreau;
Ton vieux corps grelottant tremble sous ton sarrau;
Ta cahute, au niveau du fossé de la route,
Offre son toit de mousse à la chèvre qui broute;
Tu gagnes dans ton jour juste assez de pain noir
Pour manger le matin et pour jeûner le soir;
Et, fantôme suspect devant qui l'on recule,
Regardé de travers quand vient le crépuscule,
Pauvre au point d'alarmer les allants et venants,
Frère sombre et pensif des arbres frissonnants,
Tu laisses choir tes ans ainsi qu'eux leur feuillage;
Autrefois, homme alors dans la force de l'âge,
Quand tu vis que l'Europe implacable venait,
Et menaçait Paris et notre aube qui naît,
Et, mer d'hommes, roulait vers la France effarée,
Et le Russe et le Hun sur la terre sacrée
Se ruer, et le nord revomir Attila,
Tu te levas, tu pris ta fourche; en ces temps-là,
Tu fus, devant les rois qui tenaient la campagne,

Un des grands paysans de la grande Champagne.
C'est bien. Mais, vois, là-bas, le long du vert sillon,
Une calèche arrive, et, comme un tourbillon,
Dans la poudre du soir qu'à ton front tu secoues,
Mêle l'éclair du fouet au tonnerre des roues.
Un homme y dort. Vieillard, chapeau bas! Ce passant
Fit sa fortune à l'heure où tu versais ton sang;
Il jouait à la baisse, et montait à mesure
Que notre chute était plus profonde et plus sûre;
Il fallait un vautour à nos morts; il le fut;
Il fit, travailleur âpre et toujours à l'affût,
Suer à nos malheurs des châteaux et des rentes;
Moscou remplit ses prés de meules odorantes;
Pour lui, Leipsick payait des chiens et des valets,
Et la Bérésina charriait un palais;
Pour lui, pour que cet homme ait des fleurs,
des charmilles,
Des parcs dans Paris même ouvrant leurs larges grilles,
Des jardins où l'on voit le cygne errer sur l'eau,
Un million joyeux sortit de Waterloo;
Si bien que du désastre il a fait sa victoire,
Et que, pour la manger, et la tordre, et la boire,
Ce Shaylock, avec le sabre de Blucher,
A coupé sur la France une livre de chair.
Or, de vous deux, c'est toi qu'on hait, lui qu'on vénère;
Vieillard, tu n'es qu'un gueux, et ce millionnaire,
C'est l'honnête homme. Allons, debout, et chapeau
bas!

Victor Hugo
Le travailleur et le joueur en Bourse

INTRODUCTION :
COMPRENDRE L'EMPIRE

Déjà comprendre le titre.

Composé, comme *Sociologie du dragueur*, de textes courts s'enchaînant logiquement pour raconter ce combat d'idées qu'est l'Histoire, sans omettre de resituer ces idées dans l'Histoire qui les a vu naître, *Comprendre l'Empire* aurait tout aussi bien pu s'intituler : *Sociologie de la domination* ou *Sociologie du mensonge*, tant Empire et domination par le mensonge sont liés.

Peu universitaire dans sa forme, par respect pour le lecteur, mais fruit de cinquante années d'expériences combinant lectures et engagement sans lequel il n'est point de compréhension véritable, cet essai pédagogique récapitule le parcours complet – allant de la Tradition au marxisme et du marxisme à la Tradition – qui seul permet la mise à jour du processus de domination oligarchique engagé depuis plus de deux siècles en Occident.

Quant à la motivation de l'auteur, le pourquoi d'une telle prise de risques pour si peu d'adhésion – domination impériale oblige – peut-être une envie d'entrer dans la légende plus forte que celle d'entrer dans la carrière ? L'ivresse de la vérité qui finit par s'imposer comme une religion ? Cet ennui mortel aussi qu'on ressent à force de ne côtoyer dans l'Olympe que des salauds, des soumis et des cons.

En résumé, une tournure d'esprit qui me dépasse, mais qui fait que je ne parviens pas, malgré les leçons de la vie et les déceptions, à me résoudre comme tant d'autres, laissés sur le bord de la route, à ce cynisme d'élite qui conduit au mépris du peuple et du bien commun.

1.
DIEU ET LA RAISON

La République française est invincible comme la Raison, elle est immortelle comme la vérité. Quand la liberté a fait une conquête telle que la France, nulle puissance humaine ne peut l'en chasser.

Maximilien de Robespierre

Partout où la bourgeoisie est parvenue à dominer, elle a détruit toutes les conditions féodales, patriarcales, idylliques. Impitoyable, elle a déchiré les liens multicolores de la féodalité qui attachaient l'homme à son supérieur naturel, pour ne laisser subsister d'autre lien entre l'homme et l'homme que l'intérêt tout nu, l'inexorable "paiement comptant". Frissons sacrés et pieuses ferveurs, enthousiasme chevaleresque, mélancolie béotienne, elle a noyé tout cela dans l'eau glaciale du calcul égoïste.

Karl Marx

LA RÉVOLUTION FRANÇAISE

Il faut bien commencer par un commencement, or l'Histoire n'a ni début ni fin. C'est d'ailleurs l'espoir, le seul, en période d'accumulation des défaites : liquidation du gaullisme, disparition du PCF, victoire du « oui » à Maastricht, élection de Nicolas le petit, montée en puissance du CRIF… On peut être mené 15 à 0, personne jamais ne siffle la fin du match et l'écrasant gagnant du moment peut devenir le perdant de demain ; un jour élu, l'autre martyr…

C'est sans doute ce que Nietzsche, raillant les tenants naïfs et brutaux d'un « sens de l'Histoire » jalonné de Raison (boucheries napoléoniennes), de Lumières (hécatombe industrielle de Verdun) et de Progrès (atomisation technicienne d'Hiroshima) appelait « l'éternel retour »… L'éternel retour qui n'est pas un concept mais une intuition, un constat.

Mais si l'Histoire ne finit jamais, comme la succession des buts dans un match sans fin, il y a des « moments », des bornes, des sauts qualitatifs (Soljenitsyne parle de « nœuds »), des temps où, si tout ne change pas, contrairement à ce que claironnent les vainqueurs du moment, tout se poursuit d'une autre façon.

Et comme nous sommes en France et français, cette histoire ne commence pas par l'Italie des Borgia, l'Angleterre de Cromwell, même si quelque chose de notre modernité se joue déjà ici et là, mais par cet autre grand moment qu'est la Révolution française.

Pas la mythologie révolutionnaire, ce début du roman national qui, nécessairement, comme chaque fois qu'il s'agit d'instiller dans l'esprit du peuple sa soumission à un ordre nouveau, en fait une lutte du bien, lumineux, progressiste contre le mal, obscurantiste, absolutiste – soit la Révolution française dans le « sens de l'histoire » vue par Jules Michelet – mais pour le dire encore plus simplement : quand Dieu fut politiquement vaincu par la Raison…

CATHOLICISME, IDÉOLOGIE DE LA NOBLESSE ET RAISON, RELIGION DE LA BOURGEOISIE

Par Raison, il ne faut pas entendre le rationalisme qui prévaut dans les sciences exactes (mathématiques, physique) ce qui reviendrait à dire que, par la Révolution française, le vieux monde des vieilles croyances religieuses fut logiquement vaincu, dépassé par le monde nouveau de la vérité des sciences. Une vision qui renvoie au positivisme d'Auguste Comte et à laquelle la boucherie de la Première Guerre mondiale mit un terme par le désenchantement existentialiste.

L'Histoire nous démontrant que derrière la prétention à la scientificité des sciences humaines, sociologie, économie… se cache toujours l'idéologie des vainqueurs. Et que plus cette idéologie se pare de scientificité – le « socialisme scientifique » rayonnant sous Staline en fut le plus bel exemple – plus cette raison scientifique et son « sens de l'Histoire » génèrent de folies dans les actes : du génocide vendéen à la Révolution culturelle chinoise.

Par victoire politique de la Raison politique entendons : quand une idéologie de domination, la Raison bourgeoise commerçante et rationaliste, soit la nouvelle religion toute neuve et fervente de la classe montante, vainquit le catholicisme, cette idéologie de la royauté usée par mille ans de pouvoir, à laquelle la noblesse elle-même ne croyait plus vraiment.

Personne, à par le postillonnant Mélenchon peut-être, n'aurait l'arrogance aujourd'hui, avec le recul, de prétendre qu'il s'agissait de la lumière face aux ténèbres, mais c'est pourtant ce qu'il fallait croire à l'époque pour tenter cette grande aventure et entreprendre ce grand bouleversement. Puiser dans cette croyance la conviction, et la violence nécessaire, pour mettre à bas, dans le meurtre et le sang, le monde ancien, usé et finalement si faible du roi catholique…

LE MYTHE DE L'ABSOLUTISME ROYAL

À ceux qui croient encore à l'« absolutisme royal », nous rappelons l'existence des « corps intermédiaires ».

Comme nous le dit l'*Encyclopédie Universalis* : *L'ancienne France était, depuis le Moyen Âge, composée de groupes d'individus appelés corps : collèges, communautés, associations de gens ayant même métier ou même fonction dans la nation, et réunis à la fois pour la préservation de leurs intérêts particuliers et celle du bien commun. Ces corps existaient avec la permission du souverain et lui étaient subordonnés, bien que leur existence fût souvent antérieure à l'instauration de son pouvoir; c'étaient les parlements, cours et conseils souverains, corps de médecins ou d'avocats, corporations et métiers, compagnies de commerce ou d'industrie. Ils possédaient leurs propres lois et statuts, ce qui ne les dispensait pas d'obéir aux lois générales, et des libertés et privilèges qui les garantissaient contre l'arbitraire et le despotisme. En tant que personne morale, un corps pouvait posséder des biens ou intenter un procès pour faire respecter ses coutumes; il avait un rang dans la société, auquel étaient attachés honneurs et dignités…*

LE MYTHE DE L'UNANIMITÉ DU PEUPLE RÉVOLUTIONNAIRE

À ceux qui croient encore au discrédit et à la réprobation populaire unanime, nous rappelons les «Chouans».

Soit tous ces paysans de Bretagne, du Maine, de Normandie, de l'Anjou, de l'Aveyron, de la Lozère, de Vendée et du Poitou qui, pour s'opposer au nouvel ordre révolutionnaire et républicain, rejoignirent l'armée catholique et royale parce que de l'ancien ordre, bien que du petit peuple, ils se trouvaient fort bien…

Enfin, à ceux qui verraient encore dans la Révolution la naissance de l'égalité et de la fraternité réelles, nous rappelons la « loi Le Chapelier ».

Soit l'avènement aussi, dans le dos des « droits de l'homme » mais sur le dos du petit peuple du travail, du plus brutal libéralisme économique ! La loi Le Chapelier, promulguée en France deux ans seulement après la prise de la Bastille, proscrivant les organisations ouvrières et les rassemblements de paysans. Interdisant, de fait, les grèves et la constitution des syndicats, ainsi que les entreprises non lucratives comme les mutuelles. Ne visant ni les clubs patronaux, ni les trusts, ni les ententes monopolistiques qui ne furent jamais inquiétés, elle provoque, dès 1800 chez les ouvriers charpentiers, la formation de ligues privées de défense et de grèves sauvages, qu'elle permet de réprimer jusqu'à Napoléon III…

LE CATHOLICISME D'ÉTAT OU NOS ANCIENS DROITS DE L'HOMME : TRÊVE DE DIEU, DÉFENSE DE LA VEUVE ET DE L'ORPHELIN, GUERRE JUSTE

De plus, contrairement à ce qu'il est aussi d'usage de croire dans nos milieux du conformisme libre penseur, la religion catholique, certes idéologie du pouvoir royal, ne fut pas seulement mensonge, tartuferie et pure trahison du Christ dans sa collusion avec l'autorité.

L'Église était aussi atténuation de la violence consubstantielle au pouvoir, comme aujourd'hui nos «droits de l'homme» – religion de la bourgeoisie – s'efforcent d'atténuer les violences du libéralisme bourgeois sans jamais, non plus, le remettre en question.

Cet effort d'adoucissement de la violence intrinsèque au pouvoir par l'Église, au côté du pouvoir royal, ce fut, par exemple, à partir du Xe siècle, «la paix et la trêve de Dieu». Un mouvement spirituel et moral qui s'efforçait de limiter dans le temps et dans ses conséquences, les activités guerrières. Son but étant de mettre un terme aux guerres privées entre seigneurs dont les pauvres – ainsi sont désignés ceux qui ne peuvent pas se défendre – étaient les premières victimes. Un mouvement de pacification initié par l'Église qui reçoit finalement l'appui du pouvoir royal et de la haute noblesse pour devenir, dans toute la chevalerie, la fameuse morale chrétienne de la «défense de la veuve et de l'orphelin».

Dans un même esprit, mais à un niveau social supérieur, la volonté des papes fut également de limiter les affrontements entre princes chrétiens, s'efforçant d'orienter leur ferveur guerrière à l'extérieur de l'espace européen, notamment vers le soutien à l'Empire romain d'Orient par les croisades.

Un autre exemple encore du rôle authentiquement pacificateur et chrétien de l'Église est la théorie de la «guerre juste» élaborée par Saint Thomas d'Aquin. En gros une guerre était considérée comme juste par l'Église, si et seulement si :

– tous les moyens pour l'éviter ont été entrepris ;

– si le résultat qu'on peut en attendre sur le plan du bien est meilleur que la situation initiale ;

– si son but est donc le bien commun et non pas un quelconque but caché ;

– et enfin, et surtout, si cette guerre reste limitée.

En effet, et comme nous le rappellera plus tard Carl Schmitt, pas de «guerre totale» sous l'Ancien régime des rois très catholiques.

Souvenons-nous d'ailleurs, plus près de nous, du rôle joué encore par l'Église dans ses tentatives de médiation pour éviter la Première Guerre mondiale. Tentative notamment de paix séparée avec l'Autriche qui fut rejetée par les alliés, Clémenceau en tête, qui voulaient tous la destruction complète des Empires centraux…

FIN DE L'OMNIPOTENCE CATHOLIQUE ET GUERRES DE RELIGIONS

Un double mouvement de pacification, des nobles envers les pauvres et des nobles entre eux, sans lequel on peut estimer que l'Occident du Moyen Âge, rongé par la multitude des guerres minuscules et intestines, n'aurait pas connu l'essor qui fut le sien. C'est d'ailleurs la Guerre de Cent ans, et surtout les guerres de religions – soit la fin de l'omnipotence catholique – qui mettra un terme à cette période de paix dont le modèle de gouvernement, selon l'Église, fut le règne de Saint Louis…

LA RIVALITÉ CROISSANTE DU ROI
ET DE LA NOBLESSE

En fait, il ressort de mille ans de règne et de collaboration du pouvoir royal et de l'Église, un rôle global de pacification et d'administration de la France. Un partage des pouvoirs où le roi et l'Église furent souvent les deux recours des pauvres face aux abus de la noblesse. Les rois de France ayant d'ailleurs progressivement affirmés et renforcés leur pouvoir, auprès de leurs sujets, en prenant la défense des petits contre les grands. Ce qui explique notamment la précocité de l'abolition du servage en France, le roi ayant tout intérêt, face à la noblesse terrienne et ses serfs, à être le suzerain du plus grand nombre d'hommes libres.

Une histoire intérieure de la monarchie française qui, contrairement à la mythologie révolutionnaire et républicaine, se résuma souvent à un affrontement du pouvoir royal contre la noblesse qui tentait, elle, soit de restaurer, soit d'augmenter ses privilèges. Et l'on peut même dire que c'est cette incapacité de la monarchie à éliminer cette noblesse parasitaire, plus le choix, à partir du règne de Louis XIV, de s'appuyer sur la bourgeoisie pour atteindre ce but (de Colbert à Turgot) plutôt que de la réformer à l'anglaise, qui aboutira à la Révolution...

JAMAIS CHANGEMENT NE FUT VOULU
PAR LE PEUPLE

Pour continuer de détricoter le roman national, ajoutons que jamais changement ne fut désiré par le peuple, et que rien n'est plus mensonger que la scène finale du film de Tavernier, *Que la fête commence*, où l'on veut nous faire croire, en faisant passer des paysans devant un carrosse en flammes, à une haine du petit peuple paysan pour le pouvoir royal. Car dans une France agricole à plus de 80% (elle le restera jusqu'au milieu du XXe siècle), le peuple c'est la paysannerie et la paysannerie est tout sauf révolutionnaire. Plutôt encline à respecter l'autorité sacrée, donc le catholicisme et le roi, le peuple paysan, au gré des plus ou moins mauvaises récoltes, a tout au plus des colères, des jacqueries sporadiques souvent tournées vers le parasitisme local, mais sans projet révolutionnaire pensé et théorisé. Face aux abus de la noblesse, sa phrase n'est pas : «Mort au tyran», mais au contraire : «Si le bon roi savait».

Dans les faits, comme avec Tavernier – typique de cette bourgeoisie de gauche de culture trotskiste qui travestit chaque fois la voix du peuple sans en être – tout se joue dans les villes, dans les salons, dans les clubs, à Paris…

LE PEUPLE C'EST LE TIERS-ÉTAT
MAIS LE TIERS-ÉTAT C'EST LA BOURGEOISIE

À Paris où les théoriciens de la révolution peuvent dire, en toute Raison, que le peuple c'est le Tiers-État, c'est-à-dire ni la noblesse ni le clergé, effectivement deux classes non productives, donc parasitaires.

Seulement, si du Tiers-État on retranche la paysannerie fidèle au roi, soumise à Dieu et en rien révolutionnaire, alors de ce peuple ne reste, par ce tour de passe-passe, que la bourgeoisie. Soit cette fraction de classe minuscule, pas plus nombreuse que la noblesse qui pèse, comme tout pouvoir, un pour cent de la population globale, mais qui parle au nom du peuple : juges, avocats, clercs, riches non-terriens dans la coulisse. Une fraction de classe qui n'est plus du peuple depuis longtemps, mais qui possède toute les cartes et une partie des clefs, déjà, pour exercer les pleins pouvoirs...

COMMENT L'ARISTOCRATIE
S'EST TUÉE ELLE-MÊME

Mais si la bourgeoisie révolutionnaire put tuer Dieu, la noblesse et le roi si facilement, c'est que ce travail de destruction avait été fait de l'intérieur et que l'aristocratie s'était déjà tuée elle-même.

D'abord par l'Édit de la Paulette, qui fait entrer le ver bourgeois, sous le nom de noblesse de robe, dans le fruit aristocratique par la vénalité des charges. Décision qui marque le début de la prise du pouvoir de l'argent et des services sur celui de la grande propriété foncière et de la fonction militaire ; soit le début de la remise en cause du pouvoir de l'aristocratie.

Ensuite sous Louis XIV, par la logique et la stratégie politique de Versailles, où le pouvoir royal, marqué par la Fronde des princes et pour juguler l'opposition de la noblesse, choisit, plutôt que de tenter de la réformer, de la pousser dans sa fonction parasitaire, au risque de s'en remettre exclusivement désormais à la bourgeoisie d'affaires (de Colbert à

Necker), tout en délégitimant auprès du peuple l'ordre aristocratique.

Un double suicide pratique auquel il faut ajouter le suicide idéologique qu'est l'adhésion, par toute la haute noblesse cultivée, roi y compris, aux idées de l'*Encyclopédie*. Autant d'idées nouvelles qui transforment en profondeur la vieille noblesse française en une intelligentsia très bien décrite par Georges Sorel dans *Les Illusions du Progrès*. Une aristocratie de salon de plus en plus détachée de la mécanique concrète d'un pouvoir depuis trop longtemps héréditaire, et qui ne comprend plus – comme plus tard l'intelligentsia russe pré-révolutionnaire, elle aussi souvent issue de la noblesse – qu'en préférant le charme de la dialectique pour esprits fin à l'obscure scolastique, elle ne fait pas qu'un choix intellectuel et esthétique, elle scie aussi la branche sur laquelle elle est assise.

Car, quand le catholicisme n'est plus compris par la noblesse comme idéologie de domination et ordre du monde, mais comme sujet de débat philosophique (débat certes passionnant, mais ô combien dangereux, amené tout en douceur par le génie de nos philosophes chrétiens du XVIIe et du XVIIIe siècle, de Pascal à Rousseau en passant par Voltaire, génies de plus en plus philosophes mais de moins en moins catholiques) ; quand une idéologie d'ordre et de domination tombe dans le piège de la question de la vérité, au final, c'est la classe dominante qu'elle soutend et qu'elle légitime, qu'elle remet toute entière en cause pour la laisser nue, face aux forces productives, dans la frivolité de son parasitisme…

Ainsi la bourgeoisie révolutionnaire tue Dieu et avec elle une aristocratie qui, sans en prendre conscience, a déjà renoncé à elle-même.

À ce stade, on aurait pu penser que l'Église, libérée du pouvoir royal puisse redevenir la religion des pauvres et des premiers chrétiens. Mais pour sauver ses privilèges terrestres, et parce que la bourgeoisie, après la radicalité robespierriste de «l'Être suprême», se rend compte aussi qu'il valait mieux, pour un temps, compter encore avec elle, le clergé entra dans un lent processus de soumission et de collaboration avec l'ordre bourgeois.

Progressive soumission et collaboration qui tueront le catholicisme une deuxième fois, de l'intérieur cette fois, pour faire de lui – et malgré une opposition interne exprimée par la très respectable «doctrine sociale de l'église» – un moralisme bourgeois de droite, finalement complémentaire, dans la mascarade démocratique bipartite, du moralisme bourgeois de gauche incarné, lui, par la pensée maçonnique.

C'est ce catholicisme de la bigoterie de province, devenu idéologie de droite de la Troisième République qui faisait, à juste titre, hurler de colère et crier à la trahison ce grand catholique du Moyen Âge et des catacombes qu'était Léon Bloy.

Abandonné par le pouvoir, détruit de l'intérieur, la troisième mort du catholicisme, surviendra enfin lors du concile Vatican II. Une soumission cette fois non plus seulement pratique et politique mais théologique (dans l'Histoire la théorie suit toujours la pratique) au moralisme syncrétiste de gauche, dans le droit fil de la Déclaration universelle des droits de l'Homme portée par l'ONU.

Nouvelle Église de la soumission et du renoncement dont la revue *Golias*, des prélats du calibre du cardinal Lustiger ou monseigneur Gaillot sont la conséquence et l'illustration…

VATICAN II OU L'APPEL À LA FRATERNITÉ UNIVERSELLE

Initié par le Pape Jean XXIII et se voulant une ouverture au monde moderne, de fait de plus en plus antireligieux, on peut comparer Vatican II – 2 pour faire moderne, comme à la même époque Parly 2 ou Vélizy 2 – à la Perestroïka de Gorbatchev. Une profonde remise en question de soi-même et une concession aux autres, interprétées non pas comme généreuse ouverture, mais comme un aveu de faiblesse qui prélude à l'effondrement.

Domination du mondialisme capitaliste américano-protestant, culpabilité envers les juifs persécutés par le régime National-socialiste allemand, Vatican II, au delà de l'alibi pastoral et doctrinal, doit se comprendre très littéralement comme la soumission de l'Église catholique au nouveau rapport de force issu de la Deuxième Guerre mondiale, à l'intérieur du camp occidental.

Au-delà d'une main tendue aux bouddhistes et aux hindous sans conséquence, puisque que hors de la sphère monothéiste méditerranéenne ; à côté d'une déclaration fraternelle, déjà plus politique, adressée aux musulmans en pleine décolonisation (ceci expliquant en partie cela) pour leur croyance au même Dieu abrahamique et pour leur dévotion mariale, et ce malgré leur non reconnaissance de la divinité du Christ; le gros morceau de Vatican II est sans conteste la déclaration selon laquelle «*avec ceux qui, baptisés, s'honorent du nom de chrétiens, mais ne professent pas intégralement la foi ou ne conservent pas l'unité de la communion avec le successeur de Pierre, l'Église se sait unie par de multiples rapports*». Déclaration qui revient explicitement à renoncer, sur le plan théologique, à s'opposer à la Réforme protestante.

Pire encore, dans cet esprit de cohabitation fraternelle masquant, en réalité, une pure reddition théologique, est la déclaration selon laquelle, au nom des persécutions subies par les juifs à travers l'Histoire, l'Église renonce par son action à opposer la Nouvelle Alliance à l'Ancienne. Une Nouvelle Alliance accomplie pourtant explicitement par la Passion du Christ pour la dépasser et l'abolir. Un renoncement doctrinal pour raisons politiques qui revient en fait, par une théologie de contrebande, à admettre leur coexistence. Et comme les juifs, dans le même temps, ne reconnaissent pas, eux, la Nouvelle Alliance qui nous ferait tous juifs, cette déclaration de «fraternité universelle» aux relents maçonnique revient, en bonne logique, à faire purement et simplement du catholicisme, un sous-produit du judaïsme en plus non reconnu par lui!

Ainsi, par Vatican II, les catholiques sont-ils tenus de reconnaître les juifs comme leurs «frères ainés» dans l'Église, tandis que les juifs, eux, continuent de considérer le Christ, au mieux comme un rabbi apostat ayant abjuré sur la Croix («*Eli, Eli, lama sabachthani*»: «Dieu, Dieu, pourquoi m'as-tu abandonné ? »), ce qui revient purement et simplement à nier l'Église et à professer son mépris.

Ainsi, par Vatican II, Monseigneur Lustiger, converti au catholicisme en 1940 (période de conversion pour le moins ambiguë) sera porté, pour son dernier repos dans la cathédrale Notre-Dame de Paris, non plus par la lecture du Notre Père, mais par celle du Kaddish. La messe est dite…

« Paah!!! »

LES SOUFFRANCES ET LE DÉCLIN DE LA BOURGEOISIE CATHOLIQUE

Comme en témoigne l'œuvre de Bernanos devenue parfaitement incompréhensible aux générations issues du libertarisme post-soixante-huitard ; comme l'expriment ses romans mettant inlassablement en scène la collision du catholicisme et de la pensée bourgeoise dans un tourment moral insoluble, cette religion passionnée, sacrificielle – non pas du livre et de la lettre, mais de l'esprit et de l'incarnation – est incompatible avec l'esprit bourgeois, lui, parfaitement judéo-protestant.

Par sa foi de l'humilité et du don, le catholique bourgeois, à moins qu'il ne se convertisse à la « modernité », sera toujours un bourgeois mal à l'aise, luttant contre lui-même et dont la soumission au monde marchand de l'égoïsme et du calcul ne peut mener qu'au renoncement à sa foi, ou à son inadaptation.

Voilà pourquoi le catholicisme authentique, résiduel, n'est plus aujourd'hui qu'une pratique marginale de déclassés nommés « intégristes » par le nouveau pouvoir, tout simplement parce qu'ils s'efforcent de rester des catholiques intègres dans un monde ayant programmé sa désintégration.

On peut bien sûr se perdre en conjectures sur ce qu'aurait pu devenir ou redevenir l'Église si elle avait choisi après le roi la rupture totale avec un monde bourgeois si éloigné d'elle.

Mais, face au poids du réel, que pouvait faire cette institution forcément usée et compromise par mille ans de partage du pouvoir royal, face à l'idéologie toute neuve de la Raison et des Lumières qui, elle, pouvait tout promettre pour ne l'avoir jamais exercé ?

Que pouvait faire, dans un monde de plus en plus matérialiste et technicien, une religion qui n'avait que le ciel pour promesse et l'humilité pour vecteur, quand la nouvelle religion de la fraternité universelle et de l'élection en douce promettait, elle, au nom de la raison même, le paradis sur terre par la démocratie de la liberté et de l'égalité ?

LAÏCITÉ = FRANC-MAÇONNERIE

En bonne logique, le contraire de la religion c'est la laïcité. Mais dans la réalité historique, politique, le combat anticlérical, mené exclusivement contre la religion catholique, fut le fait d'une autre église : celle du «grand architecte de l'univers» et de la franc-maçonnerie.

Apparue en Grande-Bretagne au XVIIe siècle et introduite en France au siècle de la Révolution, la franc-maçonnerie française, au-delà de la diversité de ses chapelles (Grand Orient de France, Grande Loge de France, Grande Loge nationale française,

Fédération française du Droit Humain…) aime à se décrire comme une *association essentiellement philosophique et philanthropique* et comme un *système de morale propagé de façon initiatique et par cooptation*.

Dans les faits, elle est une contre-Église, alternative à l'Église catholique. Menace très tôt identifiée par le pape Clément XII qui, dés 1738, la condamne par la bulle *In eminenti apostolatus specula*. Une action sans effet, puisque aucune bulle ne pouvait avoir valeur de loi dans le royaume de France sans être enregistrée par le Parlement ; ce que le dit parlement, déjà largement maçon à l'époque, se garda bien de faire.

Et même si la maçonnerie prérévolutionnaire put compter au départ de nombreux aristocrates – Philippe Égalité qui vota la mort du roi (et qui était fort probablement l'homme des Anglais) fut un des premiers grands maîtres du Grand Orient. Même si la maçonnerie prérévolutionnaire comptait aussi de nombreux prêtres, son humanisme sociétal, inspirateur de notre *Déclaration des droits de l'homme et du citoyen*, en attendant la «Déclaration universelle des droits de l'Homme», était directement en concurrence avec l'ordre catholique et la monarchie…

MAÇONNERIE D'HIER ET D'AUJOURD'HUI

Quoi que l'on pense de la maçonnerie, il est évident que si être maçon sous Louis XV, comme Casanova ou Mozart, était la marque d'un esprit libre ou idéaliste qui cherchait à s'affranchir du pouvoir en place (celui de l'Église et du roi), être maçon à partir de la République c'est être du pouvoir.

Un pouvoir qui culminera sous la Troisième République par la loi de 1905 – loi dite de « séparation des Églises et de l'État » – mais, en réalité, la dépossession du dernier bastion spirituel et politique resté aux mains de l'Église catholique qu'était l'éducation des enfants. Une charge de formater les esprits et les âmes, cruciale pour la domination, dorénavant confiée aux instituteurs laïquards de culture ou d'obédience largement maçonnique.

Ajoutons, pour nous faire une idée encore plus précise de cet humanisme maçonnique *fait d'occultisme et de cooptation initiatique*, que l'Internationale communiste interdit, dès 1922, la double appartenance loge et Parti. L'appartenance à la franc-maçonnerie étant considérée alors par les communistes comme une trahison de classe.

Une interdiction qui vaudra à tous ces maçons, privés de communisme, de finir socialistes au Grand Orient de France.

Ajoutons enfin que la maçonnerie européenne est à l'origine, à la même époque, de la Société des Nations, comme après guerre de l'ONU, elle même prodrome du futur gouvernement mondial…

LA MAÇONNERIE, CLERGÉ OCCULTE DE LA RÉPUBLIQUE

Comme le pouvoir royal, militaire et économique, confiait à l'Église les domaines complémentaires du spirituel et de l'idée, le pouvoir bourgeois a donc aussi son clergé, chargé d'appliquer lui aussi, avec plus ou moins de bonheur, le cautère humaniste sur la botte de l'oppression économique dont chacun sait qu'elle est plus de fer que de bois.

Une maçonnerie élevée sur les cendres de l'ancien pouvoir de l'Église devenue, de fait, la nouvelle religion du pouvoir, le clergé de la République bourgeoise et, au plan international, le nouvel ordre des jésuites de la République mondiale.

Un ordre occulte passé peu à peu, du XVIIIe au XXe siècle, de la maçonnerie symboliste et grandiose d'un Rudyard Kipling (exprimée dans son poème *Si…*, s'achevant par le fameux vers *Tu seras un homme mon fils!*) à celle bien peu philosophique et encore moins laïque d'un Alain Bauer, ancien grand maître du Grand Orient, aujourd'hui en charge des questions de sécurité au côté de Nicolas Sarkozy.

Mais à la différence du pouvoir de l'Église, officielle au côté du roi, ce pouvoir maçonnique dans la République a toujours été nié, caché, honteux. On doit se demander pourquoi.

Sans doute parce que la démocratie d'Agora, la République d'égalité citoyenne est, à l'évidence, aux antipodes *d'une philosophie philanthropique occulte propagée de façon initiatique et par cooptation,* qui plus est à travers les frontières et par dessus les classes.

Et ce n'est peut-être pas un hasard si le symbole de ces farouches bâtisseurs de démocratie laïque et républicaine n'est pas, comme on serait en droit de s'y attendre, le panthéon des Grecs, mais plus étrangement, le temple de Salomon…

MAÇONNERIE D'HIER ET D'AUJOURD'HUI : CFR, TRILATÉRALE, BILDERBERG...

Aujourd'hui, à l'heure du mondialisme, la maçonnerie française traditionnelle, à l'affairisme provincial et moyen-bourgeois, est sans doute en déclin, non pas quant aux nombres de ses initiés, mais quant à son influence sur la marche de la République.

Et c'est sans doute parce que, désormais, les décisions qui concernent notre Nation se décident au niveau mondial dans ces nouvelles maçonneries pour l'hyperclasse que sont les *think tanks* style Bilderberg, CFR et Trilatérale, que la plupart de nos grands médias respectables – et plus seulement le *Crapouillot* – sortent de plus en plus souvent des dossiers sur le scandale que constitue effectivement le pouvoir occulte de la franc-maçonnerie régnant en douce sur la démocratie française.

Courageux médias osant enfin s'attaquer au pouvoir qui les paie, maintenant qu'il est ailleurs...

DIEU OU UNE SOCIÉTÉ DE CLASSES SANS LUTTE DES CLASSES

Avec la mort de Dieu, pour la bourgeoisie de l'égalitarisme abstrait et formel, vint le début des problèmes. Car dans ce monde sans paradis et sans ciel de l'immanence absolue surgit inéluctablement ce que Charles Péguy appelait le «luttisme de classe». Soit la fin de la croyance populaire en un ordre divin ; la fin de l'équilibre aussi des corps intermédiaires et de la solidarité verticale des corporatismes.

La stratégie du pouvoir bourgeois étant alors, appuyée à la fois sur le mensonge progressiste et la stupidité réactionnaire, de nous présenter un monde fait de deux camps : à gauche, le bien, le Progrès ; à droite le mal, la Réaction, ancêtre de tous les fascismes. Les esprits libres parvenant, au mieux, à saisir que, le pouvoir produisant mythification du vainqueur et diabolisation du vaincu, le plus méchant des deux n'est pas forcément celui qu'on croit.

Mais qu'on choisisse de se soumettre à l'ordre nouveau ou qu'on lui oppose une virile critique à la Louis de Bonald ou Joseph de Maistre, l'essentiel pour la domination bourgeoise est que tous continuent de penser, comme en sport, qu'il n'y a que deux camps, deux équipes : gauche et droite, progressistes du côté des pauvres, des petits ; réactionnaires du côté des riches et des gros.

Soit, comme le dit Arlette qui a bien mérité du Système du haut de son utile naïveté : «des patrons et des travailleurs». Même si, à y regarder de plus près avec les lunettes de Marx, ces patrons sont parfois des travailleurs et ces travailleurs des petits rentiers…

RÉACTIONNAIRES, CONSERVATEURS, PROGRESSISTES ET LIBÉRAUX

Une mythologie du combat progressistes / réactionnaires – pitch de tout le roman national – qui cache la complexité des luttes et à qui elle profite.

Car, chez les progressistes, il existe en réalité deux camps opposés :

– les progressistes de gauche, populaires et sociaux, inspirés par Rousseau ;

– les progressistes de droite, bourgeois et libéraux, inspirés par Voltaire.

Progressistes qui croient et espèrent en la modernité, mais pour des raisons diamétralement opposées :

– les premiers en attendant l'égalité et la fraternité citoyennes effectives par le plus juste partage du travail et des richesses ;

– les seconds, l'égalité en droit et la liberté d'entreprendre ; soit le droit d'exploiter sans entraves, libérés des interdits moraux de l'Ancien régime portant sur l'argent. L'égoïsme des uns, selon le credo libéral rarement démontré, faisant la prospérité des autres.

De même, chez les réactionnaires deux camps également :

– ceux qui veulent conserver leurs privilèges d'arrogance et de parasitisme au nom du droit divin ;

– ceux qui, face à la déferlante libérale et à sa violence sociale (inaugurée dès le lendemain de la Révolution par la loi Le Chapelier) veulent conserver ce qu'il y avait de bon, de mesuré et d'humain dans la tradition.

Conservatisme de gauche qui donnera la révolte des Luddites en Angleterre, celle des Canuts en France et qui fut la cause, pour partie, de l'insurrection vendéenne.

Une droite anti-libérale rejoignant la gauche radicale dans sa critique d'un certain progrès, et qu'on retrouvera un demi siècle plus tard dans le syndicalisme révolutionnaire, les pensées de Pierre-Joseph Proudhon et de Georges Sorel. Et encore moins d'un siècle plus tard en Allemagne dans la Révolution conservatrice d'un Ernst Niekisch, trop souvent confondue avec le National-socialisme…

Derrière la mythologie révolutionnaire du bien triomphant du mal, se déploie la mécanique beaucoup moins binaire mais récurrente de la Révolution.

Mécanique très bien décrite par le Soljenitsyne de la deuxième période (celle du retour d'exil et de *Deux Siècles ensemble*) à propos de la Révolution russe. Une mécanique faite de manipulation, de liquidation et de récupération que nous reverrons encore à l'œuvre en Afrique au moment de la décolonisation.

Soit, pour revenir à la matricielle Révolution française, non plus telle que la présente le roman national, mais vue de la coulisse :

Faire faire le sale boulot par les progressistes de gauche (Robespierre et Saint Just) afin de liquider les réactionnaires de droite : la noblesse terrienne puis le pouvoir royal accrochés à leurs privilèges héréditaires. Afin que les progressistes de droite – en réalité la bourgeoisie d'argent déjà aux affaires –, une fois débarrassé des progressistes de gauche (liquidation de Robespierre et Saint Just) puissent enfin niquer tout le monde : spolier la noblesse et mettre les anciens serfs, futurs prolétaires, au boulot !

Les premiers, idéalistes montagnards, qui croyaient aux idées, découvrant un peu tard, en montant à l'échafaud, que leurs compagnons de route, Girondins et autres affairistes tapis dans l'ombre, ne croyaient qu'au pognon.

Ou, dit plus simplement encore : découvrant, mais un peu tard, derrière la mythologie bipartite du bien de gauche luttant contre le mal de droite, la sournoise victoire de la Banque…

2.
DIEU, LA RAISON ET LA BANQUE

Il est appréciable que le peuple de cette nation ne comprenne rien au système bancaire et monétaire, car si tel était le cas, je pense que nous serions confrontés à une révolution avant demain matin.

Henry Ford

Je ne suis qu'un banquier faisant le travail de Dieu.

Lloyd Blankfein
PDG de la banque Goldman Sachs

PETITE GÉNÉALOGIE DE LA BANQUE :
AU DÉBUT ÉTAIT LE DON

D'abord tout commence par la société du don. Du don et du contre-don, de l'échange, où la notion de prêt intéressé – à l'opposé du prêt pour le prestige : « je donne donc je suis » – est inconcevable.

Ce sont les sociétés dites « primitives », avec leur fonctionnement découvert par Robert Harry Lowie (le *potlatch*, l'échange symbolique non utilitaire) étudiées par Marcel Mauss, et qui rend toute logique libérale impensable.

Des sociétés qui ont fonctionné partout, pendant des millénaires, dont Pierre Clastres nous fait l'éloge à travers son observation des indiens d'Amérique, « ces perdants magnifiques » qui vivaient encore sur ce principe il y un siècle et demi. Sociétés dont Jean-Claude Michéa fait remarquer qu'elles sont les seules durables, quand la société dite « libérale », fondée sur le principe inverse – le prêt à intérêt de l'individu égoïste – n'existe, au mieux, que depuis deux siècles et a généré, fort logiquement, plus de violence et d'instabilité qu'aucune autre organisation sociale avant elle…

DE LA SOCIÉTÉ DU DON
À LA SOCIÉTÉ DE L'ARGENT

Il faut ensuite comprendre comment les sociétés humaines ont pu passer du don pour le prestige au prêt pour l'intérêt. De l'élégance à la laideur, de la noblesse à l'usure.

Sans doute le développement inéluctable des forces productives, dû à l'homo sapiens et à l'homo faber – au génie inventif et technicien de l'homme – a-t-il permis à l'humanité de passer progressivement d'une société de la stricte survie – on mange tout ce qu'on produit – à la société de production d'excédents. Excédents d'artefacts : agriculture (et non plus cueillette) objets manufacturés (outils, poteries…) que l'on peut dès lors échanger sur un marché, pour raisons utilitaires, soit le début du commerce.

Des échanges qui s'amplifient et se généralisent et qui, après la phase première du troc, amènent nécessairement l'idée pratique d'un moyen abstrait et polyvalent d'échange généralisé : la monnaie.

Et qui dit monnaie dit argent : idée d'accumulation de richesses pour la richesse. Une accumulation qui peut, dès lors, sur un champ social lui-même modifié et déspiritualisé par ce processus, venir concurrencer le prestige du don et finir, fatalement, par le remplacer.

Une prise de pouvoir par l'argent contre le prestige de l'autorité fort bien montrée, par exemple, dans le très beau film sur la fin d'une certaine aristocratie indienne – d'Inde cette fois : *Le Salon du musique* de Satyajit Ray.

DE L'ARGENT À L'IDÉE DU PRÊT

L'argent accumulé, né de l'échange marchand, amène nécessairement à son tour l'idée du prêt. Et dans une société marchande d'accumulation, plus du prêt gratuit pour le prestige et le plaisir de l'échange, où la domination symbolique provient de l'élégance et de la magnanimité du prêteur (mécanisme toujours vivace dans la sphère intime et privé, quand deux mâles s'affrontent pour le prestige de payer l'addition au restaurant), mais du prêt pour la domination matérielle par l'argent; soit le pouvoir vil au-dessus du prestige…

LE PRÊT À INTÉRÊT INTERDIT
MAIS AUTORISÉ À LA MARGE

Encore un pied dans les sociétés traditionnelles de la noblesse et du don, les sociétés à la fois marchandes, mais toujours religieuses – soit, par exemple, nos monarchies chrétiennes du Moyen Âge – ont encore la conscience que le prestige social, pour que la société demeure à l'image de Dieu, doit venir de la noblesse d'attitude et d'âme.

Ainsi interdisent-elles, pour raison religieuse, c'est-à-dire spirituelle et morale, le prêt à intérêt.

Mais comme le développement du commerce et des échanges à cette même période – disons à partir du XIIIe siècle – rend aussi le prêt nécessaire à son développement, et qu'il ne peut plus y avoir, dans une société de commerce et d'argent, de prêt sans intérêt – le prêt d'argent sans intérêt n'ayant littéralement «aucun intérêt» – l'Église, à la fois spirituelle et pratique, c'est à dire sociale, autorise ce prêt, mais à la marge.

Elle confie donc cette pratique à la fois ignoble et nécessaire – tout à la fois sociale matériellement et antisociale spirituellement – à une caste maudite, maintenue hors de la société de Dieu, par qui circulera l'argent, mais à qui ont se gardera bien, pour qu'elle ne vienne pas menacer, avec son accumulation de profit, l'ordre social fondé sur le prestige et la dépense, de lui octroyer aucun droit politique.

Ainsi existera-t-il, pendant quelques siècles, une société double, l'une officielle, prestigieuse et somptuaire, ayant le pouvoir par la noblesse et la terre, mais s'appuyant en douce sur une caste cachée, officieuse et maudite, accumulant progressivement dans l'humiliation la richesse de l'usure ; énorme moyen par ailleurs de corruption et de domination.

Et c'est par cet acide matériel de la tentation, rongeant de plus en plus la société spirituelle, qu'arrivera fatalement le moment de la destruction du Prince, par l'abolition des privilèges héréditaires de la noblesse et l'égalité citoyenne. Égalité citoyenne ratifiant dans les faits le pouvoir exclusif de l'argent, et par laquelle la Banque, peu à peu, prendra les pleins pouvoirs.

Ce moment étant précisément celui de la Révolution française où Robespierre tue le roi, puis la Banque tue Robespierre. Soit une révolution, au-delà de l'habillage formel égalitaire, aux motivations cachées parfaitement antisociales et antipopulaires…

Mais les choses ne sont évidemment pas si linéaires.

Parallèlement à ce système d'interdit autorisé à la marge par les sociétés très chrétiennes, se développent d'autres métastases et d'autres logiques de la Banque.

Ce sera par exemple la Renaissance italienne avec ses papes banquiers, oxymore théologiquement hérétique qui, notamment avec les Borgia, portera durablement atteinte à la respectabilité de la catholicité et entraînera, en partie, la Réforme.

Soit le protestantisme sous sa forme spiritualiste et populaire de retour à la pureté originelle chrétienne. Jésus étant par excellence l'incarnation occidentale du don et de l'ordre social par l'échange désintéressé.

Ce sera, autre réponse mais inverse, la modification théologique de la Réforme, comprise cette fois comme adaptation des valeurs chrétiennes à la société du commerce et de l'intérêt.

Soit le protestantisme, non pas comme refus du papisme décadent et ostentatoire – ce qu'il fut aussi – mais le protestantisme tel que le définit Max Weber, comme éthique du capitalisme naissant où le bourgeois, encore religieux, accumule la richesse et ne s'enrichit pas encore pour lui-même, mais pour la plus grande gloire de Dieu…

LA LOGIQUE VICTOIRE DE LA RÉFORME PROTESTANTE SUR LA TRANSGRESSION CATHOLIQUE, OU DE VENISE À LA CITY

La solution protestante, adaptant la théologie à la pratique plutôt que de la bafouer outrageusement comme les papes banquiers catholiques, triomphera logiquement dans le temps.

Ainsi, la banque chrétienne, initialement catholique et italienne, sombrera dans le crime familial et l'épopée tragique, tandis que l'industrieuse pratique protestante et bourgeoise triomphera pour devenir monde, d'abord dans le monde réformé allemand, puis dans le monde occidental tout entier, via le puritanisme anglo-saxon.

Nous en sommes d'ailleurs toujours là aujourd'hui, où deux principes bancaires coexistent en Occident, l'un protestant et de forme plutôt ascétique et entrepreneurial ; l'autre plus difficilement nommable et plus spéculatif. Principes tantôt alliés, tantôt concurrents…

JONCTION DE LA BANQUE ET DE LA COURONNE D'ANGLETERRE : NAISSANCE DE L'EMPIRE

Deux principes contraires qui, alliés, produisent d'évidence un énorme saut qualitatif.

Ce sera l'alliance de la noblesse et de la banque historiquement effectuée, cette fois, par la couronne d'Angleterre. Alliance et saut qualitatif que nous pouvons poser, au sens où nous l'entendons, comme acte de naissance de l'Empire.

Alliance de la Couronne et de la Banque qui produira un pouvoir de domination sur le monde sans commune mesure avec les expériences précédentes, italiennes ou germaniques. La force de modification sur la marche du monde de la Compagnie des Indes orientales allant très au-delà de la théologie réformée et de l'épopée familiale des Borgia.

Un pouvoir impérial qui s'amplifiera encore, nous le verrons, en passant de la Couronne et de la City, à Wall Street et aux États-Unis d'Amérique comme l'évoque souvent, de façon obscure et contradictoire, le populiste américain Lyndon LaRouche…

BANQUE ET POUVOIR POLITIQUE, LA PROGRESSIVE INVERSON DU RAPPORT DE FORCE

Dans le système monarchique catholique, la banque se trouve donc à côté du pouvoir, tenue en respect. Brutalement remise à sa place parfois, comme sous le règne de Saint Louis, mais le déstabilisant parfois aussi, comme à la fin du règne de Louis XVI.

Avec le système monarchique puritain anglais, au contraire, la banque partage le pouvoir, donnant à cette alliance a priori contre nature, une stabilité et une puissance inégalées.

Un pouvoir décuplé pour le Prince, mais aussi un risque de voir s'inverser le rapport de force. Un rapport de force établit par le pouvoir régalien – d'abord aux mains du Prince – de battre monnaie. Le contrôle de la monnaie étant, dans un monde de moins en moins terrien et de plus en plus capitaliste, la clef de la domination économique et politique à travers la politique des banques centrales.

Dès lors le travail de la Banque, à l'intérieur de ce pouvoir partagé et non visible au commun des mortels, sera d'inverser le rapport de force, notamment en s'efforçant de prendre le contrôle de la monnaie. Une prise de pouvoir historiquement ratifiée par la privatisation des banques centrales.

Une prise de pouvoir nommée par les médias complices « indépendance », pour signifier qu'elles sont parvenues à échapper, en fin de course, au pouvoir régalien du Prince ; soit à tout pouvoir et à tout contrôle politique…

ABSTRACTION ET LOGIQUE ASOCIALE DE LA BANQUE

La Banque s'émancipant progressivement de tout pouvoir politique pour devenir, en réalité, le pouvoir politique caché s'exerçant à travers la politique des banques centrales (masse monétaire, taux d'intérêt…), la Banque se libère aussi logiquement de tout frein social.

La responsabilité de tenir compte des effets sociaux et humains des politiques bancaires (spéculation, désindustrialisation, délocalisation, chômage…) incombant toujours, officiellement et médiatiquement, au Prince et aux représentants politiques.

Un processus de domination des banques, de leur vision abstraite et asociale du monde de l'échange qui explique, à lui seul, la violence sociale et l'inégalité sociale aggravée qui accompagne paradoxalement l'accroissement des richesses, ainsi que l'impuissance croissante des politiques, en réalité sans pouvoir, à résoudre la Crise.

Les politiques, dans cette logique, devenant de plus en plus le personnel communiquant payé par le pouvoir occulte bancaire (soit Ben Bernanke derrière et au-dessus de Barack Obama) pour prendre les coups à sa place et mentir au peuple en ne parlant jamais des causes réelles et bancaires de la Crise.

Une remarque valable en France aussi bien pour l'UMP que pour le NPA.

La Banque, intrinsèquement fondée sur l'abstraction du chiffre au détriment de l'humain (spéculation), libérée de tout frein politique et social (indépendance des banques centrales) et protégée de surcroît par son invisibilité politique et médiatique (domination de l'argent sur le politique et les médias) devenant progressivement – compte tenu de sa logique même – pure prédation et pure violence.

Une violence assumée et encore accrue par l'idéologie de ses dirigeants et cadres, majoritairement formés à l'inégalitarisme méprisant de l'Ancien testament…

PETITE GÉNÉALOGIE DE LA BANQUE, SUITE :
DU PRÊT PRODUCTIF AU RACKET PUR ET SIMPLE

La Banque comme force et principe impérial n'a donc rien à voir, au final, avec la banque de dépôt et de prêt du coin de la rue, son ancêtre et son origine dévoyée.

Un dévoiement dont on peut marquer les étapes successives comme autant de sauts…

L'argent prêté aux uns par la banque d'investissement et de dépôt correspond à de l'argent déposé par d'autres, et le taux d'intérêt remboursé en plus du capital – soit de la masse monétaire créée en plus que celle déjà en circulation – correspond également à la création de richesse réelle d'une entreprise aidée par cet investissement productif…

ENSUITE PRÊTER DE L'ARGENT QU'ON A… EN PARTIE

L'argent réellement présent en banque ne risquant pas d'être retiré en même temps par tous les déposants, la tentation devient rapidement grande de prêter plus que les sommes effectivement en dépôt.

Naît alors le « multiplicateur », soit une fabrication d'argent scriptural mais toujours dévolu à l'investissement productif. Argent temporairement fictif, mais devenant réel au final par la création de richesses (valeur ajoutée) due à l'investissement productif.

Un mécanisme de fuite en avant peu dangereux à deux conditions.

Un. Que l'économie se trouve dans une phase de développement et de croissance illimitées, comme c'était le cas au moment de l'invention de cette pratique à la Renaissance.

Deux. Qu'une autorité politique au-dessus de la Banque régule et limite cette pratique au regard de la croissance et du développement économique réel, et pas seulement scriptural et spéculatif…

PRÊTER DE L'ARGENT
QU'ON A DE MOINS EN MOINS

Un contrôle et une modération de la fuite en avant de prêts bancaires, sans commune mesure avec les dépôts, appelés « réserve fractionnaire ».

Une réserve fractionnaire imposée aux banques par le politique, mais qui, par la force des choses et compte tenu de l'évolution du rapport de force entre le politique et l'argent, aura tendance au cours du temps à tendre progressivement vers zéro…

PRÊTER DE L'ARGENT QUI N'EXISTE PAS,
MAIS TOUJOURS CONTRE INTÉRÊT

Suite à ce lent processus de dégénérescence et de prise de pouvoir – l'un étant permis par l'autre – la Banque devient donc progressivement une pure entreprise de racket et de dépossession.

En effet, la masse monétaire mise en circulation par les banques étant toujours supérieure à la croissance possible (création de valeur ajoutée) et le taux d'intérêt, lui, mécaniquement impossible à rembourser. Ce prêt d'argent, fictif, mais que seules les banques ont le pouvoir de prêter, équivaut donc, à travers la garantie hypothécaire sur l'outil de travail et les biens, à une lente captation de toutes les richesses privées par la Banque.

La Banque devenant ainsi progressivement propriétaire de tout, sans jamais rien produire, et avec de la fausse monnaie pour seule mise de fonds !

Nous touchons là à ce que nous pouvons appeler à la fois le génie et le vrai secret bancaire…

PRÊTER DE L'ARGENT QUI N'EXISTE PAS, MAIS TOUJOURS CONTRE INTÉRÊT ET QU'ON EST LE SEUL À POUVOIR PRÊTER, Y COMPRIS AUX ÉTATS

Ce processus d'endettement voulu, fatal et généralisé, d'abord appliqué au monde de l'entreprise privée, connaîtra encore un saut qualitatif avec la privatisation des banques centrales dans tout l'Occident.

Privatisation des banques centrales correspondant à l'ultime dépossession du Prince et du politique d'un pouvoir régalien fondamental. Un pouvoir qui était celui de faire émettre par la banque nationale, sous contrôle de l'État, une masse d'argent pour les grands investissements publics (Plan, développement des infrastructures, politiques sociales…) prêtée à l'État à taux zéro.

Cette masse d'argent créée de toutes pièces, mais garantie par l'État en bons du Trésor devenant, comme à la période vertueuse de la banque de dépôt et d'investissement, richesse réelle à terme, absorbant cette masse monétaire supplémentaire, par la production de richesses effectivement permises et produites par ces investissements publics ; soit du développement, et non de l'inflation.

Pure inflation en effet si le pouvoir politique, par démagogie électorale, se met à abuser de la planche à billets. Raison invoquée pour privatiser le système sans rien y changer, sinon réserver ce droit d'abuser aux seules banques privées…

DE LA BANQUE ACCÉLÉRATEUR DE DÉVELOPPEMENT À LA BANQUE PARASITE : FIN DES POLITIQUES SOCIALES, INTÉRÊT DE LA DETTE, RACKET DES BANQUES ET TRAHISON DES POLITIQUES

Or, avec la privatisation des banques centrales, imposée à l'insu des peuples maintenus dans l'ignorance complète des processus bancaires, les États se voient tous désormais dans l'obligation d'emprunter l'argent nécessaire à leur développement sur le marché privé, avec intérêt.

Pour la France ce sera :

La fin du droit de prêt à l'État à taux zéro par la Banque de France. Décision prise le 3 janvier 1973 sous la présidence de Georges Pompidou (ancien directeur de la banque Rothschild). Une décision et une dépossession du pouvoir régalien de l'État qui avaient nécessité, au préalable, l'éviction du Général de Gaulle.

Pour l'Europe :

La création de la Banque centrale européenne (volet bancaire de l'UE), imposant en douce – par l'article 104 des accords de Maastrich, rebaptisé article 123 dans le Traité de Lisbonne – cette même interdiction à toutes les anciennes banques nationales des membres de l'Union européenne. Et ce au nom, bien sûr, de la rigueur économique et de la fraternité des peuples !

Un taux d'intérêt, payé désormais pour les investissements publics nécessaires au développement, qui est le vrai nom de la dette et de la politique de la dette.

Un racket privé imposé aux États sur le dos des

peuples avec la complicité silencieuse des politiques ; y compris du bouillonnant Besancenot qui sait fort bien qu'il ne doit jamais aborder ce sujet s'il veut continuer à passer chez Drucker.

Un racket bancaire à l'échelle des États, et sur le dos des peuples, qui est la première raison de la fin de l'État providence au tournant des années 1970. La raison majeure de la fin de toutes les politiques sociales de développement qu'on appelle la Crise. Le paiement de l'intérêt de la dette – en réalité pur racket de la Banque absorbant désormais tout l'argent normalement dévolu au développement et au social – étant exactement égal, en France, à la totalité de l'impôt sur le revenu du travail.

Une équivalence que l'on doit comprendre, au-delà du symbole, comme une pure équation…

LA DETTE, SOIT LA CAPTATION PROGRESSIVE DE TOUTE LA RICHESSE DE L'ÉTAT PAR LA BANQUE

Cette obligation pour les États d'emprunter de l'argent sur le marché privé, avec taux d'intérêt contre garantie en bons du Trésor, produit au niveau des Nations occidentales la même conséquence que la garantie hypothécaire pour le monde privé des affaires. Soit, à travers une dette toujours grandissante et structurellement inremboursable, et par ce même processus de racket et de dépossession, le transfert progressif (notamment par les privatisations) de toute la richesse de l'État dans les mains de la Banque, pourtant pur parasite…

LE SECOND SAUT DE L'EMPIRE :
DE LA CITY À WALL STREET ET DE L'EMPIRE
ANGLAIS À L'IMPÉRIALISME US, SOIT
L'ESCROQUERIE DU DOLLAR

Ainsi, de l'Italie des Borgia à une certaine Amérique de Wall Street, en passant par la City de Londres, la Banque, comprise comme processus de concentration et vision du monde, a-t-elle pris progressivement les pleins pouvoirs sur les nations d'Occident.

Pouvoir occulte mais bien réel piloté des États-Unis par Wall Street, et qui seul peut expliquer la réponse des États occidentaux au dernier crack financier. Soit, plutôt que la liquidation de ces prédateurs et parasites bancaires en faillite, le transfert de leur dette aux peuples et leur renflouement par des masses encore accrues de fausse monnaie toujours dévolue à la spéculation, quand cette masse de fausse monnaie à usage spéculatif, destructrice d'économie, est la raison même de la Crise...

LE PROGRESSIF DÉCOUPLAGE DU DOLLAR DE
TOUT CONTRÔLE POLITIQUE ET DE TOUTE
RÉALITE ÉCONOMIQUE, ET SES CONSÉQUENCES

Une prise de pouvoir total de la Banque sur le politique et les peuples d'Occident, fondée sur un découplage total de la finance et du dollar d'avec toute réalité économique, effectuée en plusieurs étapes, et aux multiples conséquences...

1913, CRÉATION DE LA
RÉSERVE FÉDÉRALE AMERICAINE

En 1910, le Congrès des États-Unis pour en finir avec le pouvoir financier qui, déjà, déstabilise l'économie du pays (panique bancaire de 1907), organise une réunion secrète des grands banquiers américains et occidentaux (Rockefeller, J.P. Morgan, Vanderlip… mais aussi l'Européen Rothschild à travers Paul Warburg…) afin de mettre les banques sous contrôle. Démarche qui revient, selon la célèbre formule initialement due à Karl Marx, à confier au renard la garde du poulailler! Le résultat ne se fait pas attendre, c'est le 22 décembre 1913, soit un an à peine avant la Première Guerre mondiale et sous la présidence de Woodrow Wilson – falote créature financée par la Banque – la création de la Réserve fédérale américaine.

Une Banque des banques qui, contrairement à ce que son nom indique de façon parfaitement mensongère, n'est ni une réserve, ni fédérale, ni même spécialement américaine (l'Europe: la City, l'Allemagne et la France y étant représentées), mais un cartel mondial des douze plus grandes banques privées (Barings, Hambros, Lazard, Erlanger, Schroder, Seligman, Speyer, Mallet, Rothschild, Morgan, Rockefeller…) travaillant de concert et ayant désormais la haute main sur le dollar, devenu monnaie mondiale…

1913, CRÉATION DE LA RÉSERVE FÉDÉRALE AMÉRICAINE... ET DE L'IMPÔT SUR LE REVENU DU TRAVAIL

Coup de force et magistrale arnaque accompagnés, et ce n'est pas un hasard, de la création dans le même temps de l'impôt sur le revenu du travail. Le paiement de l'intérêt de la dette par les États, désormais interdits d'emprunt à taux zéro pour leurs investissements productifs, étant la cause mécanique, dans le même temps, de la mise en place par l'État de cet impôt sur le travail.

Un impôt sur le revenu du travail – déguisé en impôt social par sa progressivité – qui sert purement et simplement à payer l'intérêt de la Banque. Soit, par la médiation du Trésor public et de l'État, le racket de la Banque prédatrice sur le produit du travail citoyen...

1914-1918, CRÉDIT ILLIMITÉ... POUR LA PREMIÈRE GUERRE MONDIALE

Une prise de pouvoir par la Banque régnant désormais librement sur le dollar, responsable entre autres des cinq années que va durer la Première Guerre mondiale, puisque sans cette offre massive de fausse monnaie – remboursable avec intérêts – les belligérants (France, Allemagne, Angleterre...) dans l'impossibilité d'emprunter du vrai argent selon le système antérieur, se seraient retrouvés, de l'avis de tous les experts, en cessation de paiement et obligés de déposer les armes au moins deux années plus tôt...

1920-1929, DE LA FAUSSE PROSPÉRITÉ À CRÉDIT À LA GRANDE DÉPRESSION

Une prise de pouvoir par la Banque régnant désormais librement sur le dollar, également responsable de la fausse prospérité des années 1920 et de la crise qui en résulta logiquement en 1929. Soit la mise en place, par le crédit et l'endettement de masse, de la stratégie bancaire de la «bulle».

Une stratégie d'enrichissement et de captation des richesses par la Crise provoquée qui entrainera la Grande Dépression. Soit la faillite de millions de petits propriétaires et de petits entrepreneurs poussés à la spéculation, entraînant le chômage de dizaines de millions de salariés jetés sur les routes, et ce au seul profit de la Banque qui organisa la crise et ramassa la mise…

1933-1938, DE LA FAUSSE SOLUTION DU NEW-DEAL À LA VRAIE SOLUTION PAR LA DEUXIÈME GUERRE MONDIALE

Une logique perverse d'un coût social terrible dont le Président Roosevelt – lui-même sous contrôle de la Banque comme son prédécesseur, notamment via son financier et conseiller, le spéculateur Bernard Baruch – s'efforcera, dans les limites de son faible pouvoir, de limiter les effets néfastes par le «New Deal».

Une grande dépression qui sera, en réalité, solutionnée par la nouvelle guerre à crédit – d'un montant encore plus faramineux que la précédente – que sera la Deuxième Guerre mondiale, si l'on sait que le nombre de chômeurs en Amérique, malgré un «New Deal» qui aura surtout considérablement aggravé les déficits publics – toujours au profit de la Banque – était encore de onze millions en 1938...

1945, LE BRICOLAGE DE BRETTON WOODS

En 1945, la fiction de l'étalon-or, garantissant en théorie la valeur du dollar papier, est tellement intenable, compte tenu de la fausse monnaie légalement mise en circulation par la FED, que John Maynard Keynes – également homme de l'oligarchie mais brillant économiste – se voit sollicité pour remettre un peu d'ordre dans le système et lui redonner un semblant de crédibilité.

Ce seront les accords de Bretton Woods, par lesquels Keynes tentera de limiter la fuite en avant de la planche à billets par le «Bankor», soit l'idée d'un étalon mobile. Tentative à mi-chemin du strict étalon-or et de la fausse monnaie papier, inscrite dans la logique de la FED, qui sera un échec, mais qui permettra aux accords de Breton Woods, sous couvert de remise en ordre du système monétaire international dépendant du dollar, d'étendre en réalité le règne de la finance américaine sur le reste du monde, à travers la création de la Banque mondiale et du Fond monétaire international...

1971-1973, FIN DE TOUTE RÉFÉRENCE À L'OR ET MISE EN PLACE DU PÉTRODOLLAR

En 1971, le décrochage entre les stocks d'or américain et la masse monétaire est devenu tel que les USA, forts désormais de leur seule crédibilité militaire (que l'on peut aussi appeler menace) annoncent au reste du monde, cette fois par la voix de leur président Nixon, que le dollar, jusqu'alors convertible en or pour les nations étrangères, sera dorénavant non convertible et adossé à… rien !

Et en 1973, pour contraindre les autres nations à utiliser quand même cette fausse monnaie comme monnaie de réserve, un système de changes flottants est mis en place, étalonné cette fois sur le pétrole.

Dans les faits, ce sera – par un accord de protection militaire avec l'Arabie saoudite (accord liant désormais la Banque au wahhabisme du futur Ben Laden…) – l'instauration du «pétrodollar». Soit un système imposant désormais aux nations du monde, via l'OPEP (Organisation des pays exportateurs de pétrole) de payer leur commande de pétrole en dollars.

Une méthode efficace pour contraindre les nations à garder, et même à augmenter leur stock de billets verts, pourtant étalonnés sur rien et convertibles en rien, sinon en pétrole…

2010, LA FED, DE TRÈS LOIN LA PLUS GRANDE FORTUNE PRIVÉE ET CACHÉE DU MONDE, NET D'IMPÔT ET SANS RIEN PRODUIRE !

Pour donner au lecteur un ordre de grandeur :

d'après le magazine *Forbes*, l'homme le plus riche du monde serait Bill Gates crédité – grâce à sa société Microsoft, géant mondial de l'informatique – d'une fortune de 50 milliards de dollars. Or il faut savoir que les seuls intérêts perçus par la FED s'élèvent, annuellement, à 2 500 milliards de dollars. Soit 50 fois la fortune de Bill Gates chaque année, et ce net d'impôts et sans rien créer ni produire, si ce n'est de la fausse monnaie !

Une super fortune que se partage le cartel des douze banquiers internationaux cachés derrière la FED, et qui laisse loin derrière tous les autres compétiteurs, Sultan du Bahreïn, Reine d'Angleterre… ce que se garde bien de révéler le magazine *Forbes* !

LA FED, SOIT LA BONNE FORTUNE DE L'OLIGARCHIE BANCAIRE MONDIALE, MAIS LA PERTE DU POUVOIR D'ACHAT POUR TOUS LES AUTRES, Y COMPRIS LE PEUPLE AMÉRICAIN

Pour qui a bien compris la mécanique : plus la Réserve fédérale prête d'argent, plus elle fait de profits et plus elle creuse les déficits publics, à commencer par son premier emprunteur, l'État américain. Ainsi la dette américaine, déjà de 1 000 milliards de dollars en 1971 est-elle passée, via cette fuite en avant voulue et encouragée, à plus de 50 000 milliards de dollars en 2010.

Et les deux causes majeures d'emprunts publics étant les crises et les guerres, on devine le rôle qu'a aussi joué la FED, depuis 1913, dans la survenue de ces évènements.

Pendant ce temps, cette création de fausse monnaie entrainant une dévaluation constante de la valeur de l'argent, les détenteurs de dollars, à commencer par le peuple américain, ont vu depuis l'année 1913 leur argent perdre 90 % de sa valeur et leur pouvoir d'achat baisser d'autant.

Une baisse constante compensée par la hausse vertigineuse de leur consommation à crédit auprès des banques...

LES RÉSISTANCES À LA BANQUE
À L'INTÉRIEUR DE L'EMPIRE

Mais partout, cette lente et discrète prise de pouvoir de la Banque ne s'est pas faite sans résistance. Y compris en Amérique où s'affrontent dès le départ deux conceptions opposées de la démocratie américaine.

D'un côté l'Empire du libre échange à la conquête du monde, de l'autre une nation libre de petits producteurs...

LE COMBAT PERDU DES POPULISTES AMÉRICAINS
CONTRE LA BANQUE

Ainsi peut-on opérer, selon les périodes et les présidents au pouvoir, une double lecture de l'Amérique des pères fondateurs.

D'un côté sa conception populiste – réhabilitée à gauche par Christopher Lasch, dans les années 1960, et saluée récemment par Jean-Claude Michéa en France – qui fait de la démocratie américaine une association de petits propriétaires et de petits producteurs libérés du joug des monarchies inégalitaires d'Europe, et particulièrement de la Couronne d'Angleterre et de sa City.

Une Nation de citoyens entrepreneurs financés par la mutualisation de leur fonds propres, et appuyés sur une solide éthique protestante issue du réformisme originaire petit bourgeois allemand.

C'est la démocratie américaine à laquelle se réfère notamment aujourd'hui le publiciste dissident Alex Jones. Cette Amérique idéale des cow-boys et des westerns de John Ford, financés cyniquement par Hollywood et la Banque pour cacher l'autre Amérique.

Celle de la continuation du processus impérial anglais à une échelle supérieure. Soit l'Amérique du messianisme conquérant anglo-saxon puritain, appuyé cette fois sur le message sanguinaire et méprisant de l'Ancien testament du Deutéronome, afin d'étendre cette domination à la totalité du monde par la puissance de la Banque et l'idéologie du libre échange.

Deux Amérique en fait.

L'Amérique populiste et isolationniste du Middle West et des natifs, luttant contre l'Amérique impériale mondialiste des élites des côtes Est et Ouest, du New York de Wall Street et du Los Angeles d'Hollywood.

Deux Amériques se revendiquant, en apparence, du même libéralisme et de la même Bible, mais sans y voir du tout la même chose. Le libéralisme populiste de l'une étant, dans les idées et dans les faits, l'exact contraire du libéralisme impérial de l'autre…

1832-1835, LE COMBAT ENTRE LA DÉMOCRATIE ET LA BANQUE OU L'EMBLÉMATIQUE PRÉSIDENT JACKSON

Ce combat interne, souvent secret et bien évidemment caché entre la Banque et l'Amérique citoyenne, jalonne toute l'histoire politique des États-Unis dès son combat pour l'indépendance.

Il explique aussi la plupart des tentatives de déstabilisation et d'assassinat des présidents en exercice – à commencer par celui du président Lincoln – selon qu'ils se sont soumis ou ont tenté de résister à la puissance de la Banque.

Pour exemple, un président typique du courant populiste américain (pour renforcer son assise politique contre les puissances d'argent, il multipliera par sept le nombre des électeurs citoyens américains), le président Andrew Jackson opposera par deux fois son veto, en 1832 puis en 1835, à la reconduction de la Banque centrale, ancêtre de la FED, créée dès 1781 par son prédécesseur pro-Banque, Alexander Hamilton.

Une opposition acharnée à la prise de contrôle de la démocratie américaine par la Banque qui valut très certainement à Jackson la tentative d'assassinat à laquelle il réchappa de justesse le 30 janvier 1835, mais un combat qui était pour lui si crucial qu'il fera graver comme épitaphe : «*J'ai vaincu la Banque*» sur sa pierre tombale !

Une résistance aux puissances d'argent, de la part de présidents souvent issus de milieux modestes, devenue quasi impossible – pour ne pas dire impensable – depuis la création de la FED, en 1913, avec la complicité du Congrès.

Les présidents américain depuis cette date devant tous être considérés, de Woodrow Wilson jusqu'à Barack Obama, en passant par les très surévalués Roosevelt et Eisenhower, comme de purs «obligés» de la Banque.

Le pouvoir du président des États-Unis, quant à cette institution, se limitant au droit de choisir le président de la FED parmi six noms soumis par le cartel! Un pouvoir dont le dernier président Obama n'osera même pas user puisque, malgré son bilan catastrophique au regard de l'économie américaine, il reconduira purement et simplement le président sortant, précédemment nommé par Georges Bush, Ben Bernanke, lui-même successeur d'Alan Greenspan...

1920-1922, LE CRI D'ALARME D'HENRY FORD

Une fois gagné ce combat contre l'Amérique des petits propriétaires, la Banque, poussée par sa logique, va devoir mener un autre combat, cette fois à un niveau supérieur.

Ce sera le combat du capitalisme bancaire, purement spéculatif, incarné désormais par la FED et Wall Street, contre le capitalisme entrepreneurial et industriel anglo-saxon, incarné notamment par Henry Ford.

Une lutte pour la domination capitaliste qui atteindra son apogée au lendemain de la Première Guerre mondiale opposant, selon Henry Ford, le plus grand entrepreneur industriel américain de l'époque, l'éthique protestante du capitalisme d'entreprise anglo-saxon, décrit par Max Weber, au capitalisme de pure spéculation, abstrait et cosmopolite, décrit par Karl Marx.

Ce combat frontal, typique du climat de l'entre-Deux-guerre, s'exprimera notamment à travers la publication d'un livre constitué d'articles parus entre 1920 et 1922 dans le journal d'Henry Ford, *The Dearborn Independent*, au titre évocateur : *Le Juif international*.

Un combat entre deux conceptions de l'Amérique et du capitalisme – selon Henry Ford – qui se soldera par la défaite de ce dernier, sa rétractation et ses excuses publiques. Le grand entrepreneur anglo-saxon s'abstenant, à partir de 1927, de tout commentaire politique et s'affiliant même, pour faire amende honorable, à une loge maçonnique répondant au doux nom de « Palestinia »…

1924, LE REPENTIR TARDIF DE
WOODROW WILSON

Celui qui, plus qu'aucun autre, dut son élection à sa soumission à la Banque, le Président Woodrow Wilson, fera, au seuil de sa vie, ce commentaire sans équivoque à propos de la création dont il savait porter une responsabilité écrasante devant l'Histoire et le peuple américain.

Je suis un homme des plus malheureux. J'ai inconsciemment ruiné mon pays. Notre grande nation industrielle, déclare-t-il à propos de la FED, *est désormais contrôlée par leur système de crédit. Notre système de crédit est privatisé, c'est pourquoi la croissance du pays ainsi que toutes nos activités sont entre les mains d'une poignée d'hommes qui, si nécessaire, pour des raisons qui leur incombent, peuvent geler et détruire l'authenticité de la liberté économique. Ainsi sommes nous devenus un des plus mal gouvernés, des plus contrôlés et des plus soumis des gouvernements du monde civilisé. Il ne s'agit plus d'un gouvernement d'opinion libre ni d'un gouvernement de conviction élu à la majorité, mais d'un gouvernement soumis à la volonté et à la fermeté d'un petit groupe d'hommes dominants.*

Difficile d'être plus explicite sur le jugement que portait cet homme au seuil de sa vie sur son œuvre…

1963-1969, L'ASSASSINAT DU PRÉSIDENT KENNEDY ET LA LIQUIDATION DU GÉNÉRAL DE GAULLE

À ce jour seul président américain de religion catholique, John-Fitzgerald Kennedy, conscient lui aussi du pouvoir antidémocratique et antisocial de la Banque (et qui, contrairement à ses prédécesseurs, était né suffisamment riche pour ne pas lui devoir son élection), tentera, comme Lincoln et Jackson, de mettre un terme à ses privilèges indus.

Ainsi, en juin 1963, signe-t-il l'*Executive Order 11110*, décret présidentiel qui, pour se débarrasser de la FED, impose un nouveau système adossant le dollar à l'argent métal. Aussitôt sont mis en circulation pour plus de 4 milliards de dollars en billets de 2 et 5 dollars, et autant de billets de 10 et 20 dollars sont imprimés. Le 22 novembre de la même année, Kennedy est assassiné, le décret *EO 11110* aussitôt annulé par son successeur et les billets de 2 et 5 dollars retirés de la circulation.

Un lien évident entre la mort du président Kennedy et sa tentative de reprendre le pouvoir sur la Banque, qui fait si peur aux élites américaines que même Oliver Stone, dans son film *JFK*, se garde bien de seulement l'évoquer !

C'est cette même opposition à la Banque qui vaudra aussi, sans doute, au général de Gaulle son éviction du pouvoir en 1969. Lui qui, voyant le coup de 1971 venir, avait pris la tête des non-alignés pour exiger de l'Amérique qu'elle rembourse en or, comme les accords internationaux le prévoyaient encore, leurs stocks de dollars…

LES RÉSISTANCES À LA BANQUE
À L'EXTÉRIEUR DE L'EMPIRE

Ce rapide panorama effectué du combat à mort livré par la Banque contre la démocratie au cœur même de l'Empire, il nous faut évoquer maintenant les tentatives de lui opposer un modèle alternatif de gestion et de société, à l'extérieur de celui-ci…

LA TENTATIVE SOVIÉTIQUE DE RETOUR AU PRINCIPE CHRÉTIEN DU DON ET DE L'ÉCHANGE

L'étude critique du Capital proposée par Karl Marx, au sommet duquel trône la domination bancaire, va servir de base théorique et politique majeure aux tentatives d'échapper, au tournant du XXe siècle, à ce que nous pouvons appeler le règne de la Banque.

Le communisme soviétique étant, en théorie, la

tentative de mettre hors d'état de nuire la domination oligarchique et privée de l'argent, par la socialisation intégrale des moyens de productions sous contrôle public de l'État.

Ainsi le communisme, qui fait primer le collectif et l'échange non marchand sur l'intérêt égoïste au cœur de la logique libérale, est-il un retour, malgré son anti-religiosité affirmée, à la mentalité chrétienne. Une parenté évidente du communisme et du message du Christ – souvent mal identifiée par les spiritualistes à cause de leur mauvaise compréhension de ce que Marx entendait par matérialisme et qui n'a rien à voir avec le matérialisme bourgeois – qui est l'explication majeure de la grande séduction qu'opéra le communisme sur les peuples d'Europe, y compris le peuple russe orthodoxe, notamment Tolstoï.

Peuples d'Europe soumis en moins d'un siècle – le XIXᵉ – à l'individualisme matérialiste et marchand par la révolution industrielle, mais restés attachés à plus de quinze siècles de règne des valeurs chrétiennes, sous les monarchies théocratiques.

Finalité chrétienne du communisme, par la société de l'échange désintéressé et du partage ; mentalité éminemment chrétienne des masses communistes militantes, pour lesquelles l'idéal communiste devint la nouvelle religion face à l'égoïsme bourgeois. Une double aspiration qui doit être nuancée dans les faits par deux autres facteurs, contradictoires et concomitants, évoqués notamment par Soljenitsyne dans *Deux Siècles ensemble*.

Un. Le financement assez peu chrétien de la révolution bolchevique russe, moteur de tout le processus du socialisme réel, par des banquiers new-yorkais souvent issus de la communauté ashkénaze émigrée d'Europe de l'Est.

Deux. L'encadrement, à travers l'appareil des Partis de toutes les révolutions communistes en action dans l'Europe chrétienne, d'élites juives pour leur très grande majorité, et souvent animées d'un messianisme vengeur – parfaitement exprimé par Léon Trotski dans *Leur morale et la nôtre* – typique des valeurs de la Torah et du Talmud, mais aux antipodes des valeurs chrétiennes…

LE COMMUNISME, AUTHENTIQUE
IDÉOLOGIE JUDÉO-CHRÉTIENNE

Maintenant que la messe du socialisme réel est dite, avec le recul du temps et l'accès aux archives autorisé par l'écroulement de l'URSS, on peut objectivement qualifier l'épopée communiste européenne au XXe siècle de «judéo-chrétienne»: juive en haut pour la volonté de domination, chrétienne en bas pour l'espoir du partage…

DERNIER BASTION DE RÉSISTANCE DANS LE
MONDE MONOTHÉISTE POST-MÉDITÉRRANÉEN:
LA FINANCE ISLAMIQUE

Suite à l'écroulement de l'URSS et à la faillite du communisme, l'Occident s'est donc retrouvé à nouveau, au tournant des années 1990, sous la domination totale de la Banque et du Marché. Le seul bémol dans ce monde monothéiste post-méditerranéen étant désormais la finance islamique.

En accord avec le droit musulman, la finance islamique, qui se chiffre à 700 milliards de dollars sur le marché mondial, est basée sur deux principes :

– l'interdiction de l'usure (prêt à intérêt hors investissement productif) ;

– et la responsabilité sociale de l'investissement (développement).

Une finance éthique qui soumet donc la rentabilité d'un investissement à la valeur morale et sociale du projet concret qui lui est associé.

Ainsi l'islam interdit-il les transactions fondées sur la pure spéculation (*gharar*), soit le principe inverse de la finance désormais pratiquée à Wall Street.

Une finance islamique dont les limitations imposées au crédit comme au profit ne sont pas sans rappeler les interdits moraux qui avaient cours, il y a quelques siècles encore, dans l'Europe monarchique et chrétienne guidée par les principes de Saint Thomas d'Aquin et les enseignements d'Aristote.

Une finance islamique qui représente donc une résistance spirituelle à la toute puissance de l'argent, et qui justifie à elle seule le sourd combat que livre actuellement la Banque au monde musulman afin de le soumettre – comme avant lui les mondes catholiques et soviétiques – à la toute puissance de sa domination…

CONCLUSION UN :
LA RÉVOLTE CONTRE LA BANQUE C'EST LA MORT

Que ce soit à l'intérieur de l'Empire : Lincoln, Jackson, Kennedy… ou à l'extérieur : de Gaulle, Saddam Hussein et demain, qui sait, Ahmadinejad ou Chavez ?... l'Histoire nous apprend que quiconque veut défier la Banque doit s'attendre à le payer cher. Le payer de sa propre vie, s'il est américain et, s'il ne fait pas partie de la coalition, à voir en prime son pays rattaché à l'axe du mal !

En 1942, quand les états-majors US, britanniques et soviétiques décidèrent de se réunir en secret pour coordonner leur guerre contre Hitler, ils le firent dans les locaux de la *Federal Reserve Bank* de New York, et il n'est pas exagéré de résumer la politique mondiale du XXe siècle à une perpétuelle diabolisation des opposants à la Banque, elle-même garantie en dernière instance par la puissance militaire américaine.

Ainsi, quand Saddam Hussein envisagea, en 2003, de libeller ses ventes de pétrole en euro – ce qui équivalait à remettre en cause le statut du dollar à travers le pétrodollar – l'armée américaine, sous le faux prétexte des fameuses «armes de destruction massive», écrasa son pays sous les bombes, et l'OPEP, comprenant aussitôt le message, retira l'«europétrole» de son ordre du jour. Quant à Saddam Hussein, il finira pendu comme les dignitaires nazis.

Protéger le statut du dollar et, derrière lui, le privilège de la FED, telle est en dernière instance la mission ultime de l'armée impériale américaine...

CONCLUSION DEUX :
LA BANQUE PUR PRIVILÈGE ET POUVOIR ABSOLU

La Banque ainsi analysée et définie doit donc se comprendre comme une nouvelle aristocratie tenant son pouvoir du droit de prêt à intérêt, lui-même garanti par le mensonge et la violence.

Une oligarchie n'ayant même plus à son actif le développement de l'économie, comme durant la Renaissance, mais devenu frein à toute création de richesse sous le règne de la FED et de Goldman Sachs.

Un pur parasitisme et un pur privilège auto-octroyé, non plus au nom de Dieu, mais de la pseudo-rationalité économique et de la magie des chiffres qui font de cette oligarchie financière et mondiale de la rente sur le travail humain généralisé, l'exact équivalent, par l'argent et la possession exclusive du crédit, de ce que furent les nobles vivant sur le travail agricole des serfs par la possession de la terre, au nom du privilège de droit divin.

Pilotés de New York, habités d'une idéologie faite de volonté de puissance, de violence destructrice et de mépris social puisé à l'Ancien testament, c'est cette vision du monde et ce processus que nous appelons : Empire.

CONCLUSION TROIS :
L'EMPIRE N'A PAS DE LIEU

Hier Italie, Angleterre… aujourd'hui USA, demain Jérusalem ou Pékin ? L'oligarchie mondialiste, pas plus que le principe bancaire dont elle tire sa dynamique et son pouvoir, n'a de territoire ou de lieu.

Comme le bernard l'hermite, le coucou ou l'asticot dans son fromage, cette aristocratie nomade et sans noblesse se niche partout où il y a de la richesse à capter et du profit à faire…

CONCLUSION QUATRE :
LA BANQUE D'ABORD DESTRUCTRICE DU DIEU
CATHOLIQUE PUIS DE LA RAISON HUMANISTE

D'abord anti-catholique et s'appuyant sur la Raison pour triompher des monarchies théocratiques européennes, la Banque, poursuivant sa fuite en avant prédatrice, est vouée à se montrer de plus en plus anti-humaniste à mesure de son développement : l'égalité citoyenne étant au fond aussi contraire à ses principes que la charité chrétienne.

Tournant progressivement le dos à la Raison et aux Lumières qui n'avaient été, en fait, que les prétextes transitoires à sa domination, la Banque en est aujourd'hui explicitement au stade de liquidation des démocraties bourgeoises libérales, qui lui avaient permis de triompher de la société précédente du roi et du Dieu chrétien...

CONCLUSION CINQ :
LA BANQUE COMME FATALE FUITE EN AVANT

Contrainte, par sa logique même de déséquilibre, à rechercher de nouveaux espaces de prédation, la Banque est désormais vouée à la conquête du monde non monothéiste et non chrétien, tels que l'Inde ou la Chine.

Une fuite en avant obligeant ce système de domination, mûri en Occident, à se confronter désormais à l'espace eurasiatique, soit pour le dominer, comme l'Amérique le Japon après 1945, soit pour se soumettre à lui, comme ça pourrait devenir le cas avec la Chine.

L'alternative dans un monde clos et saturé étant soit la banqueroute, soit le rejet inéluctable d'un système de plus en plus identifié par les peuples occidentaux, comme parasitaire et absurde.

Dans un cas donc, la disparition de l'oligarchie avec l'écroulement de son système de domination.

Dans l'autre son salut, mais au prix d'une modification notoire de sa composition ethnico-culturelle.

Deux issus possibles qui ne sont pas sans rappeler la fin de la noblesse d'Ancien régime.

Ou alors pourquoi pas ? Dans un élan spiritualiste, la sortie finale du capitalisme par la prise de conscience de l'Âge sombre et du *Kali Yuga*…

3.
LES IDÉES, LES GRANDS HOMMES, LES RÉSEAUX

Le monde est dirigé par des personnages très différents de ce que peuvent imaginer ceux qui ne sont pas dans les coulisses.

Benjamin Disraeli

Les promesses n'engagent que ceux qui les écoutent.

Henri Queuille

LES IDÉES

Contrairement à l'animal qui s'en remet à la nature, l'homme a des idées. Doué d'imagination par la fonction symbolique, il a besoin de se représenter le monde.

De plus, sauf exceptionnelle robinsonnade, l'homme est contraint de cohabiter avec ses semblables, ce qui implique aussi un ordre social…

D'ABORD LA TRANSCENDANCE

Pour ça : vision du monde, ordre social, l'homme s'en remet d'abord à Dieu. D'abord à une nature déifiée, puis à un Dieu commandant à la nature ; soit à un ordre cosmique qui lui est d'abord transmis par le chamane. Ordre cosmique, incluant l'ordre social dicté par la parole de Dieu, via la transe de ce médiateur qui dit l'ordre du monde et la Loi.

Ainsi, aux origines de l'homme, Dieu, la révélation et la Loi ne font qu'un.

Par la voix du chamane, la loi divine dit l'ordre et le bien.

L'ordre et le bien, car dans la loi le pouvoir et le bien sont toujours associés, sur la terre comme au ciel, avec le paradis pour les justes, les soumis à la loi, et l'enfer pour les autres, insoumis, maudits, déchus, hérétiques.

Ainsi l'ordre est-il toujours l'ordre juste, car rien ni personne ne règne jamais au nom du mal, du moins officiellement…

LE PRÊTRE, L'IMPÔT ET LE TEMPLE

Mais l'homme étant imparfait, il produit du mal. Des fautes envers Dieu qu'il doit racheter par des sacrifices et des oblations.

D'abord sans doute par des châtiments directs, puis des châtiments dérivés sur des animaux, puis le rachat de ses fautes par des offrandes…

Ainsi, à mesure que le progrès technique permet le surproduit – soit ce que l'homme peut produire en plus de la reproduction de sa force de travail – se met en place une économie du don qui vient se surajouter, dans l'ordre symbolique, à l'économie pratique.

Une économie du don générant la caste des prêtres entretenus par ces dons, et qui deviennent, de fait dans l'Histoire, les premiers collecteurs d'impôts.

Dons à Dieu, mais aussi impôts perçus par la caste des prêtres, qu'il faut entreposer dans le premier monument public construit à cet effet qu'est le Temple, à la fois lieu de culte et Trésor public.

Un Temple, à la fois monument religieux et pratique, qui devient le centre de l'organisation sociale de la première révolution urbaine au sortir du néolithique, comme nous l'enseigne l'archéologue Vere Gordon Childe…

LES PRÊTRES, LES GUERRIERS, LES TRAVAILLEURS

Ce trésor, extorqué par les prêtres au nom de Dieu et du bien aux travailleurs et entreposé dans le temple, pose évidemment le problème de sa sécurité.

Une sécurité d'abord assurée par des prêtres en armes, gardiens du trésor, puis, par une fatale spécialisation des tâches, par la caste des guerriers tout court.

Ainsi, le symbolique et le fonctionnel s'entremêlant, se met en place un système où le travailleur produit, le prêtre collecte et gère, et le guerrier sécurise.

Un système, à la fois sacré et pratique, fait de hiérarchie et de réciprocité où le guerrier sécurise le prêtre et le travailleur ; le travailleur nourrit les deux en échange de sa sécurité ; tandis que le prêtre, peu à peu obligé de partager le trésor avec la caste des guerriers (permanente rivalité de la Couronne et de l'Église) est spécifiquement en charge du trésor spirituel. Ce qui implique, outre les rites et la théologie codifiant la révélation, la conservation du savoir, les soins aux malades, la charge des faibles et des indigents, soit – et c'est là que se situe le retour du don – l'éducation, la médecine et la charité.

Une organisation tripartite, décrite par Georges Dumézil, présente depuis la nuit des temps historiques dans toutes nos sociétés indo-européennes, jusqu'à ce que la révolution de 1789 mette fin à cet Ancien régime constitué justement du Clergé, de la Noblesse et du Tiers-État…

L'ORDRE EST FONCTIONNEL OU IL N'EST PAS

Ainsi, tout système de domination possède sa justification transcendante dans l'ordre symbolique – révélation disant l'ordre et le bien, entrainant extorsion et punitions – mais aussi sa justification fonctionnelle dans l'ordre de la production – qui en constitue la morale pratique – faite de cohérence et de réciprocité (cohésion).

Ainsi, quel que soit l'inexpliqué originaire qui le sous-tend (révélation), aucun ordre durable ne peut être absurde sur le plan pratique et, réciproquement, aucun ordre absurde ne saurait être durable.

Absurde, au regard de l'ordre social, signifiant dans les faits : purement parasitaire, sans réciprocité.

Ainsi, quand l'ex-noblesse d'épée, devenue noblesse de cour, n'assuma plus aucune des trois fonctions : ni production, ni savoir, ni sécurité, sa fin était scellée en tant que classe purement parasitaire, bientôt liquidée par une noblesse de robe entre temps devenue bourgeoisie entrepreneuriale et gestionnaire par la vénalité des charges.

De même, cette fonctionnalité inéluctable de tout changement d'ordre durable peut aussi expliquer, a contrario, la conversion de l'Empire romain à la religion chrétienne sous Constantin. L'universalisme pacificateur chrétien devenant la réponse fonctionnelle au déclin des légions, par trop métissées, pour assurer dorénavant, par l'Église plutôt que par l'armée, la cohésion et la paix de l'Empire.

Ainsi, toute organisation symbolique et sociale absurde, que ce soit l'hérésie morbide des Cathares, la bureaucratie stalinienne ou le capitalisme financier purement parasitaire de Wall Street, est-elle vouée, par un châtiment du sens à la disparition. C'est juste une question de temps…

DE LA TRANSCENDANCE VERS L'IMMANENCE : LE RÈGNE DE DIEU ET LA NÉCESSITÉ DU LOGOS

Les hommes ont des idées et ils sont obligés de vivre ensemble. Doués d'imagination par la fonction symbolique, mais aussi d'expression par le langage, ils sont portés par leur nature à discuter la Loi.

Et si les grandes idées qui mènent le monde sont les religions qui disent le ciel et la terre, la révélation du chamane, la lumière du prophète, ont rapidement besoin, pour gérer les conflits, de produire une théologie. Soit un discours sur ce qui est pourtant censé être au-delà du discours.

Ainsi, quelle que soit la puissance de la révélation, toute religion, à la fois transcendante et politique, est-elle contrainte, face à la controverse, de justifier la Loi par cette autre puissance du verbe, mais d'essence opposée, qu'est la logique.

Introduisant de fait, comme le ver dans le fruit, la raison dans la foi…

LA DÉMOCRATIE GRECQUE
OU LE DOUTE PLUS FORT QUE LA FOI

C'est ce moment de basculement, dans ce rapport de force entre ces deux puissances du verbe, qui se traduit historiquement par la naissance à Athènes, au Ve siècle avant J.-C., de la démocratie grecque.

Une démocratie qui n'est pas le pouvoir au peuple – la Cité-État athénienne était une oligarchie de 40 000 propriétaires soldats servis par 200 000 esclaves sans droit, dont l'équivalent moderne serait plutôt les États confédérés d'Amérique ou le régime Afrikaner, et qui vaudrait aujourd'hui à Athènes d'être traitée de fasciste ! – mais le pouvoir du logos sur la foi.

Le passage historiquement avéré d'un Dieu avec logos (théologie, scolastique) à la possibilité d'un Logos sans dieu (règne de la Raison, rhétorique)…

LES PHILOSOPHES EUROPÉENS OU
LA PENSÉE HÉLLÉNO-CHRÉTIENNE

C'est cette même défaite de la scolastique face à la philosophie – soit la fragilité d'une foi étayée par la raison, quand la raison prétend être étayée par elle-même – qui se reproduira en Europe à la sortie du Moyen Âge, et ce malgré la tentative de Saint Thomas d'Aquin de faire servir la foi chrétienne par la relecture d'Aristote. Une lente défaite de la foi, rongée par la raison qui, dès La Boétie (1546) sapera progressivement les fondements de la monarchie.

Une remise en cause du pouvoir du roi, fondé sur le divin, qui ne sera pas un retour aux Grecs, mais, du fait des clercs catholiques qui la produisirent, une synthèse nouvelle, helléno-chrétienne, appelée « humanisme », faite de doute et de charité.

Une pensée spécifiquement européenne, profondément soucieuse d'égalité, cheminant de Montaigne à Pascal et de Pascal à Rousseau, pour accoucher l'idée d'un nouvel ordre social qui mènera fort logiquement à la Révolution française ; l'esprit français en ayant produit la plus grande part…

LA MODERNITÉ OU LA VICTOIRE DE L'IMMANENCE : LE RÈGNE DES IDÉES

Ainsi, la raison immanente, portée par la Révolution française, met-elle fin à l'ère de la transcendance pour inaugurer l'ère politique de l'idée ; ouvrant, après les guerres de religions, l'ère de la concurrence des idéologies.

Une victoire de la Raison, qui est aussi la mise à bas de l'ancien ordre divin tripartite par le groupe social qui l'incarne : le Tiers-État ; soit la classe sans privilèges liquidant les privilèges divins du Clergé et de la Noblesse au profit de l'Égalité, c'est-à-dire d'elle-même…

VERS LE NOUVEAU PARADIS DE L'ÉGALITÉ

Rappel : personne ne règne jamais au nom du mal, et l'ordre juste prétend toujours mener, malgré les pesanteurs terrestres, au souverain bien.

Ainsi dorénavant, le souverain bien n'étant plus, dans le monde de l'immanence, le ciel de la religion catholique, ce nouveau paradis terrestre à atteindre est désormais l'égalité.

Égalité qui prend la place du Salut comme but suprême et emblème de toute politique humaniste : laïque (immanente) et moderne. Une première égalité réalisée, en principe, par l'abolition des privilèges de la Noblesse héréditaire et du Clergé, et par la prise de pouvoir du Tiers-État.

Un Tiers-État chargé, devant l'Histoire, de produire le système politique menant du projet de l'égalité formelle à l'égalité réelle ; comme plus tard le prolétariat des marxistes au nom de la même idée trahie...

DE LA LIBRE CONCURRENCE DES IDÉES, POUR MENER À L'ÉGALITÉ PRATIQUE SOUS LE NEUTRE ARBITRAGE DU LOGOS, SOIT LE MENSONGE ET LE POUVOIR SUBTILS DU LIBÉRALISME BOURGEOIS

Prenant la place de la controverse théologique, le jeu politique sera dorénavant la libre discussion politique, selon le seul critère de la cohérence logique (rhétorique) menée par et dans le Tiers-État par les clercs : philosophes, intellectuels, maîtres à penser et tribuns issus du Tiers-État.

L'ancienne hiérarchie sociale, fondée sur la lignée (privilèges héréditaires, primogéniture), remplacée par la liberté d'entreprendre menant par ailleurs au pouvoir de l'argent.

Soit, une fois posé le schème abstrait du projet humaniste : arriver à la fraternité universelle via la liberté et l'égalité guidées par la Raison, la double domination de la bourgeoisie dans les faits ; le libéralisme d'idées politique (Voltaire) accompagnant le libéralisme économique (la loi Le Chapelier)…

LA DESTRUCTION DU MONDE ANCIEN OU LE NOUVEAU POUVOIR DES MARCHANDS

Une destruction de l'ancien monde tripartite constitué, comme nous l'a appris Georges Dumézil, de ceux qui prient (*oratores*), de ceux qui combattent (*bellatores*) et de ceux qui travaillent (*laboratores*) – soit le clergé, la noblesse et le Tiers-état – qui ne débouchera pas, dans les faits, sur l'égalité du tout Tiers-état (soit le pouvoir au peuple du travail), mais sur le nouveau pouvoir d'une quatrième fonction, issue du Tiers-état, celle des intermédiaires.

Un pouvoir des marchands ne venant ni de la religion, ni de la guerre, ni de la production mais commandant à tous, dorénavant, par le pouvoir de l'argent…

POUVOIR DU CAPITAL, MISÈRE OUVRIÈRE ET CONCURRENCE MARXISTE

Une inégalité de fait, au sein du Tiers-état, entre peuple du travail et nouveau monde de l'argent qui, passé les premiers moments euphoriques de l'égalité formelle issue de la Révolution, verra l'ancien ordre tripartite remplacé par un nouveau monde binaire.

Celui d'une bourgeoisie du Capital, maîtresse du Marché, exploitant les nouveaux esclaves du travail salarié : le prolétariat.

Une lutte des classes nouvelle, à l'intérieur du camp progressiste issu du Tiers-état, dont la conséquence, sur le plan du logos (rhétorique), sera la future concurrence marxiste, prospérant sur les contradictions et les mensonges de l'humanisme bourgeois…

LES IDÉES EN PRÉSENCE : LIBÉRALISME, SOCIALISME, RESTAURATION, FASCISME

Ce qui donne comme idées en présence dans ce monde moderne de l'immanence :

À droite, le libéralisme.

Fait d'égalité formelle et de liberté d'entreprendre. Idéologie de gauche sous l'Ancien régime (Voltaire inspiré de l'école anglaise : Locke, Hume…) mais nouvelle idéologie dominante dès 1830.

À gauche, le socialisme.

Dans le même camp progressiste de l'immanence, mais proposant le passage de l'égalité formelle (appelée dès lors «équité») à l'égalité réelle (soit celle de Jean-Jacques Rousseau contre celle de Voltaire) en continuant le processus révolutionnaire initié par la Révolution française, par la prise du pouvoir du nouveau Tiers-état à l'intérieur du Tiers-état : le prolétariat !

En marge de ce combat interne aux idées modernes, et abusivement classées à droite de la droite, soit à l'extrême-droite, c'est-à-dire hors de l'arc républicain pour les discréditer, se trouvant :

La réaction.

Soit la restauration de l'ordre ancien comme réponse au mensonge bourgeois de l'égalité formelle débouchant sur une plus grande violence sociale. Pensée initiée dès la Révolution française par Louis de Bonald et Joseph de Maistre, et plus tard modernisée par Charles Maurras.

Et à l'intérieur de la bourgeoisie libérale :

Le fascisme.

Quand plus tard (à l'orée du XXe siècle) la bourgeoisie entrepreneuriale nationale, un pied dans le travail, l'autre dans l'exploitation, tentera de résister à la domination de la bourgeoisie financière internationale, elle purement parasitaire, par des alliances inédites…

LE COMBAT DROITE / GAUCHE
À L'EXCLUSION DE TOUS LES AUTRES

Mais tout retour en arrière étant considéré comme utopiste, et la pensée fasciste ayant été discréditée par le national-socialisme allemand (soit le racialisme justifié par la question de l'espace vital), le combat d'idées autorisé dans l'ère moderne, et plus particulièrement depuis 1945, se résume en fait à la concurrence entre les deux idéologies du progrès : libéralisme ou socialisme ; soit le combat droite / gauche…

LES GRANDS HOMMES

Dans le monde ancien, et jusqu'à la Révolution française, les grands hommes sont donc les prophètes et les rois (Luther, Louis XIV, pour choisir deux grandes figures postérieures à la Renaissance). L'un théologien, l'autre guerrier, mais tous deux messagers de Dieu et prétendument choisis par Dieu ; ce qui limitait vocations et concurrence…

DE LA RARETÉ À LA PROLIFÉRATION : L'ACCÉLÉRATION DE L'HISTOIRE

Mais avec l'avènement du règne de l'immanence, se produit une fatale démocratisation du grand homme (dont la plus belle figure historique est Napoléon 1er) désormais soumis au seul régime de la libre concurrence.

Une démocratisation de la course au pouvoir dont la première conséquence est la multiplication des vocations ; la seconde, par cette accélération du *turn over*, une notable accélération de l'Histoire…

LES NOUVELLES QUALITÉS REQUISES

Une multiplication des prétendants qui génère aussi de nouveaux profils types.

Du côté du pouvoir symbolique (*oratores*) : la transformation du messager de Dieu en ce nouveau clerc qu'est l'homme à idées ne s'appuyant plus sur la scolastique mais sur la rhétorique : philosophe, intellectuel, maître à penser… doublement issu, comme nous l'avons vu, sur le plan épistémologique et social, de la bourgeoisie.

Du côté du pouvoir effectif (*bellatores*) : avec la fin du pouvoir politique hérité et transmis (noblesse héréditaire), l'avènement du professionnel de la politique : tribun à fort charisme, militaire… égale-

ment issus de la bourgeoisie et dont se pose inéluctablement la question des moyens de subsistance…

LE NOUVEAU TANDEM CLERC-POLITICIEN

Un nouveau monde politique où le binôme
de l'Ancien régime : Clergé / Noblesse – soit la
constance de la lignée soutenue par la permanence
de l'Église –, se voit remplacé par la foire d'empoi-
gne et le verbiage.

Soit le nouveau pouvoir, en régime démocratique,
du tandem de l'intellectuel et du politicien
(Zola / Clemenceau, Keynes / Roosevelt, Malraux /
de Gaulle… ou, pour achever la dégringolade :
Max Gallo/Nicolas Sarkozy) dans un combat
droite / gauche fermement circonscrit.

Un combat imposé, à l'intérieur du cadre humaniste (immanence, domination au nom de l'égalité)
qui produit, compte tenu de la réalité économique
(pouvoir de l'argent, inégalités sociales) :

– À gauche : des maîtres de la promesse ; demain
l'égalité.

– À droite : des maîtres du mensonge. L'équité
(égalité en droit) servant cyniquement de masque à
l'inégalité de fait ; soit, pour citer Anatole France,
cette *loi qui, dans un grand souci d'égalité, interdit aux
riches comme aux pauvres de coucher sous les ponts, de
mendier dans les rues et de voler du pain !*

Autant de débateurs, professionnels de la politique qui joutent officiellement dans un pur et libre débat d'idées, mais aussi soutenus par leur camp respectif :

– le Capital pour le libéral conservateur, soit la bourgeoisie d'argent ;

– le Travail pour le progressiste, via le Parti ou le syndicat.

Une disproportion, sur le plan de la puissance d'argent entre les deux camps qui, forcément, notamment sur la question de la tentation et de la corruption, ne peut pas être sans conséquences…

LE GRAND HOMME :
DU COMBATTANT À L'EMPLOYÉ DE BANQUE

Dans notre monde moderne démocratique, le leader politique est donc soit un combattant de l'idée (Robespierre), soit un combattant militaire (Napoléon 1er), soit une émanation du monde de l'argent (Thiers).

Et s'il est certain que le prestige historique va toujours aux deux premiers, qu'ils soient considérés comme bon (Jaurès, Clemenceau) ou mauvais (Staline, Hitler), la loi tendancielle dans notre société marchande est, fatalement, la lente soumission, chez les professionnels de la politique, du monde des combattants – héritiers des *oratores* et des *bellatores* – au monde de l'argent – le nouveau pouvoir des intermédiaires.

Soit, formulé autrement, la lente disparition du

grand homme, grand penseur ou grand combattant, au profit de l'employé de banque.

L'exemple le plus proche de nous étant, en 1969, le passage à la fonction de président de la République française, du général Gaulle, héros de la Résistance, à Georges Pompidou, ancien directeur de la banque Rothschild…

LE GRAND HOMME :
LIMITE ET MENSONGE DE L'INDIVIDU

Mais même en admettant que le grand homme combattant soit parvenu à juguler la puissance de l'argent pour lui imposer sa vision politique, se pose encore pour lui la question de la durée : pour combien de temps ? Le monde de l'immanence fondé, du moins en apparence, sur l'égalité et l'individualisme, interdisant cette transmission héréditaire du pouvoir qui assurait sous l'Ancien régime sa permanence et sa pérennité.

Cette évidente solitude et brièveté de la carrière politique, quels que soient le génie du grand homme et sa force vitale, imposent nécessairement qu'il s'appuie, soit pour accéder au pouvoir, soit pour le conserver et pérenniser son œuvre, sur une force collective allant au-delà de lui-même, et qui ne pouvant plus être la lignée ou l'Église dans le monde moderne, ne peut être que le « réseau ».

Et si l'histoire grand public ne retient, pour des raisons de charme romanesque, que les noms des grands hommes, forces de la nature, monstres d'arrivisme, il est évident que seuls ils ne peuvent rien. Leur triomphe, quel que soit leur génie individuel, passant toujours et nécessairement par l'appui, la constitution de réseaux.

Réseaux de soutien mais aussi d'allégeance, d'obligations, de réciprocité qui sont, dans le monde démocratique de l'individu et de l'égalité des chances, la face cachée du politique, la matière délaissée des intellectuels et des idéologues, autant que la condition sine qua non de toute prise de pouvoir…

LES RÉSEAUX

Contrairement à la démocratie où, l'individualisme égalitaire étant la règle officielle, les réseaux se doivent d'être niés ou cachés, sous l'Ancien régime, et plus généralement dans le monde ancien, les réseaux sont la norme…

D'ABORD LA FAMILLE

Premier réseau qu'est bien sûr la famille, la solidarité et l'entraide fondées sur le lien du sang. Pouvoir tiré notamment du lien et de la solidarité père-fils (encore visible sur certains frontispices d'entreprises : « Entreprise X & fils » et qui fit notamment la puissance de l'entreprise Michelin). Pouvoir et puissance tirée aussi de la fratrie (comme chez les frères Dalton, Zemmour ou Hornec) qui donne, face aux individus, la supériorité de l'être collectif…

Un premier réseau de solidarité et d'entraide qui, élargi, donnera le clan, la tribu. Soit une famille de familles fondée encore sur l'ascendance d'un ancêtre commun. Ancêtre commun pouvant même, à partir d'une certaine échelle, devenir fictif et purement symbolique (mythique) pour prendre alors la forme d'un totem (à l'origine notamment du blason dans la noblesse) commun à tout le clan, la tribu.

Une appartenance au clan, à la tribu qui, outre la solidarité et l'entraide, implique aussi la responsabilité collective et transmissible ; soit le devoir de vengeance entrainant vendetta et razzia, propres aux sociétés claniques…

SOLITUDE DE L'INDIVIDU CITOYEN

Famille, clan, tribu, soit la soumission de l'individu à un tout organique, une communauté charnelle qui protège et oblige ; tandis qu'au delà, à une échelle collective supérieure : peuple, nation, l'individu n'est plus relié aux autres que par les froides abstractions du contrat.

Libéré des liens prégnants de la famille, mais aussi seul et livré à lui même…

DÉCLIN DU CLAN, MENSONGE CITOYEN ET PROLIFÉRATION DES NOUVEAUX RÉSEAUX OCCULTES (MAÇONNERIE)

Et c'est pour compenser cette solitude débouchant

sur l'impuissance que prolifèrent, dans ce nouveau monde du peuple et de la nation d'individus citoyens abstraits, ces nouveaux réseaux d'entraides et d'obligations que sont les maçonneries.

Réseaux de pouvoir, intercalés entre le citoyen et l'État, forcément occultes en ces temps officiels de transparence démocratique, d'individualisme et d'égalité citoyenne…

LES RÉSEAUX D'ANCIENS RÉGIMES : NOBLESSE, ÉGLISE, CORPORATIONS

Autant de nouveaux réseaux d'entraides et de domination qui, pour prendre leur place et leur pouvoir après la Révolution française, ont dû mettre à bas les réseaux qui les précédaient sous l'Ancien régime, à savoir :

– le réseau de la noblesse – issu du clan – fondé sur le lien du sang et tirant originairement son pouvoir de la maîtrise des armes (*bellatores*) ;

– le réseau de l'Église – fondé sur la foi – soumission à un ordre, une initiation et des rites (*oratores*) et dont le plus beau fleuron fut la Compagnie de Jésus (les jésuites) ;

– réseau aussi dans le Tiers-État avec les corporations, fondées sur la communauté des savoir-faire (*laboratores*) avec à la tête de ses solidarités de métiers, une authentique aristocratie ouvrière.

Autant de réseaux formant un subtil jeu d'équilibre et de rapports de forces entre ces anciens ordres, finalement assez équivalent à cette « séparation des pouvoirs » présentée par les modernes (Locke, Montesquieu…) comme le parangon de la démocratie. Une multiplicité de contre-pouvoirs empêchant en tous cas cet «absolutisme royal» tant décrié par les historiens républicains pour discréditer l'Ancien régime…

LA PROGRESSIVE MISE AU PAS DES RÉSEAUX D'ANCIEN RÉGIME PAR LES NOUVEAUX RÉSEAUX AU SERVICE DES MARCHANDS

Mais la victoire de ces nouveaux réseaux, issus de la démocratie bourgeoise, sur les anciens, ne sera pas immédiate et totale. Après le premier acte décisif que sera la nuit du 4 août 1789 (abolition du système féodal et du pouvoir des anciens ordres), cette réduction de l'ennemi, réseaux contre réseaux, se fera par une série de coups, toujours présentés par l'histoire officielle – dans la lignée d'un Jules Michelet – sous le prisme du pur combat d'idées portées par de grands hommes (Danton, Zola, Ferry…) afin d'en masquer les enjeux et la portée réelle aux individus citoyens.

Une liquidation progressive de ces anciens réseaux de pouvoir, devenus réseaux de résistance, par les nouveaux réseaux dominants, dont les deux grands moments déterminants seront, après la nuit du 4 août, l'affaire Dreyfus et la loi de 1905…

L'AFFAIRE DREYFUS (1894-1906) OU LA VICTOIRE DES MÉDIAS ET DE L'ARGENT SUR L'ARMÉE, REFUGE DE LA NOBLESSE

Au-delà du drame individuel lui-même : une

banale affaire d'espionnage dont l'Histoire n'aurait rien retenu si l'accusé n'avait pas été juif (comme le faisait déjà remarquer à l'époque Jean Jaurès avec agacement, malgré son dreyfusisme), cette « affaire » est la première du genre.

Montée à grand renfort de publicité pour sa puissance symbolique (le *J'accuse !* de Zola dans *L'Aurore* de Clémenceau), elle marque la prise de pouvoir du puissant réseau des médias sous contrôle de l'argent et s'appuyant sur les clercs – soit les nouvelles figures de « l'intellectuel » et du « politicien », nouveaux *oratores* – sur celui du corps des officiers et de l'armée.

Une armée française, dernier refuge et dernier lieu de pouvoir de la noblesse et de l'esprit aristocratique (*bellatores*), discréditée par cette affaire aux yeux du « grand public » ; autre nouvelle figure consubstantielle à celle des médias, de l'intellectuel et du politicien professionnel.

Une présence de l'aristocratie dans une armée matée, encore résiduelle aujourd'hui dans la Marine, appelée avec nostalgie la « Royale »…

LA LOI DE SÉPARATION DES ÉGLISES ET DE L'ÉTAT (1905) OU LA DÉPOSSESSION DES PRÊTRES CATHOLIQUES DE LEUR FONCTION D'ÉDUCATEUR AU PROFIT DES INSTITUTEURS LAÏQUES

Depuis l'ordonnance du 13 décembre 1688, promulguée par Louis XIV et qui s'inscrit dans le lent processus d'alphabétisation du peuple, tous les parents de France avaient l'obligation d'envoyer leurs enfants à la «petite école» paroissiale. Une éducation prise en charge gratuitement par l'Église catholique (fonction classique de la classe des *oratores*), dont les prêtres inculquaient aux enfants un savoir pratique et la morale chrétienne.

Un rôle dominant de l'Église sur les esprits attaqué dès la révolution de 1789, mais qui ne sera pas foncièrement remis en cause par le compromis napoléonien qu'est le Concordat de 1801, ni par les loi Guizot (1833) et Falloux (1850), l'État Français, pour des raisons de coûts et de moyens (locaux, formation des maîtres) laissant encore à une Église de France fidèle à la Nation (tradition gallicane), la plus grande part dans l'organisation et la diffusion de l'enseignement.

Ce n'est qu'à partir de 1879, avec Jules Ferry, que l'anticléricalisme prendra franchement son essor. Un acharnement tardif contre une Église catholique, partenaire de longue date de l'État français, qui s'explique surtout par les évènements de 1848 et de 1871. L'anticléricalisme devenant, après la définitive trahison du Tiers-État prolétaire par le Tiers-État bourgeois (le versaillais Thiers matant dans le sang la Commune de Paris), le nouveau combat d'une bourgeoisie de gauche qui, ayant trahi le peuple du travail, a besoin d'un combat progressiste de substitution, mais ne portant pas atteinte au pouvoir de l'argent.

Pour le radical socialiste maître de la Troisième République, «de gauche» signifiant dorénavant non plus: pour les travailleurs, mais: contre les catholiques, fussent-ils des catholiques sociaux.

C'est ce faux combat de gauche – ou ce combat de la fausse gauche, ancêtre de la gauche sociétale dite aujourd'hui gauche bobo – qui servira de prétexte au maçon Jules Ferry – éminent membre du Grand Orient de France – pour capter le rôle éducatif de l'Église au profit de la «laïcité».

La loi de 1905, dite «loi de séparation des Églises et de l'État» marquant, en réalité, la dépossession de l'Église catholique de sa fonction traditionnelle et populaire d'éducatrice, au profit de l'Église des droits de l'homme. L'école «gratuite, laïque et obligatoire» tant vantée par Ferry étant, en réalité, l'école «obligatoirement laïque» – c'est-à-dire franc-maçonne – puisque gratuite, la petite école paroissiale l'était déjà en France depuis Louis XIV…

LAÏCITÉ ET ATHÉISME

Ainsi, la belle idée de «liberté de conscience et de culte» cache-t-elle, derrière la loi écrite, la lutte pour le pouvoir politique d'une Église contre une autre Église. Et ce qu'on nous présente comme un pur débat philosophique : le triomphe du droit à l'athéisme face à la religion en général et à son pouvoir d'oppression, n'étant, en vérité, qu'une lutte tournée exclusivement contre l'ancienne puissance catholique ; jamais contre l'église protestante, encore moins judaïque.

Raison pour laquelle, selon les codes et les mots de la liturgie républicaine, il est toujours question du combat de la «laïcité» et jamais d'athéisme ; l'athéisme renvoyant à tout autre chose qu'à la franc-maçonnerie. Il suffit d'ailleurs d'écouter Jean-Luc Mélenchon, sénateur socialiste ou pire, Caroline Fourest, la gauchiste hystérique, nous parler d'Ancien régime ou d'islam, pour sentir à quel point la laïcité est une religion, et que c'est même, en cette période de troubles et de questionnements spirituels, la plus fanatique de toutes!

PROLÉTARIAT CONTRE ARISTOCRATIE OUVRIÈRE

Quant aux corporations, interdites par la République comme «corps intermédiaires» – rien ne devant s'interposer, en théorie, entre le citoyen et la Nation – ces anciennes solidarités verticales abolies seront officiellement remplacées, dans le nouveau monde bourgeois du XIXe siècle, par les solidarités de classes.

Un combat politique pris en main, à gauche, par des professionnels du socialisme, souvent cosmopolites, rarement issus du prolétariat, qui lutteront aussi contre toute tentative, issues des travailleurs eux-mêmes, de recourir à d'autres solidarités, anciennes ou inédites : combat des luddites, révolte des canuts, insurgés de Kronstadt… immédiatement taxées de déviationnisme petit bourgeois et de populisme.

Une lutte classe contre classe, en partie imposée, dont le résultat pratique sera de maintenir le monde ouvrier dans le cadre bourgeois du salariat, et de faire de ces travailleurs, par la condition sociale, mais aussi par la praxis (la mentalité induite par la pratique), ce que Marx appelle des prolétaires. Pas seulement des travailleurs exploités par l'extorsion de la plus-value, mais aussi des êtres aliénés par leur travail même : travail à la chaîne, taylorisme, fordisme…

LA MODERNITÉ OU LES CLASSES SOCIALES COMME SEULS RÉSEAUX OFFICIELLEMENT RECONNUS AU-DELÀ DES INDIVIDUS

Du fait du mensonge bourgeois, mais aussi du dogmatisme des leaders ouvriers, le seul combat reconnu en régime démocratique, au-delà des conflits d'individus, est donc le combat classe contre classe ; soit le combat gauche / droite.

Les seules solidarités admises étant :

– d'un côté : la solidarité de classe d'une bourgeoisie libérale défendant la liberté d'entreprendre par l'entremise d'intellectuels désertant de plus en plus la philosophie pour l'économie, érigée en science ;

– de l'autre : un prolétariat ouvrier combattant pour l'égalité via ses leaders socialistes – intellectuels et syndicalistes – passés peu à peu, au cours de la seconde moitié du XIXe siècle, sous la domination exclusive de la gauche révolutionnaire marxiste internationaliste (ancêtre du PC) et de la gauche réformiste maçonnique (ancêtre du PS).

Une présentation gauche / droite, validée par la naïveté, la lâcheté ou la soumission des clercs qui occulte ses nouveaux « corps intermédiaires » pourtant interdits par la République – rien ne devant s'interposer en théorie entre le citoyen et la Nation – que sont les réseaux transversaux : maçonnerie du Grand Orient, Club des Cordelières, Le Siècle… et autres solidarités occultes où fraternisent en douce patronat, représentants de gauche et syndicalistes, quitte à aller s'affronter ensuite pour la galerie sur les plateaux télés…

Du fait de la domination anglo-saxonne venue d'Amérique, et bien que la Constitution française ne reconnaisse pas les groupes de pression – toujours interdits à la Chambre – les médias, chargés depuis l'affaire Dreyfus de donner le la, admettent aujourd'hui timidement l'existence de lobbies, à condition qu'ils soient économiques : lobby pharmaceutique, lobby agro-alimentaire, lobby des chasseurs…

De même, avec le relâchement des mœurs, conséquence du processus de destruction libérale, la légitime revendication de non persécution des minorités sexuelles, s'est muée en agressivité anti-hétérosexuelle et anti-famille, sous forme d'un « lobby gay » se réclamant du progressisme, selon le même glissement sociétal initialement opéré à gauche par l'anticléricalisme. Un premier lobby sexuel créé en France par Jack Lang, sous l'impulsion de François Mitterrand au moment du lâchage de la gauche ouvrière par le parti Socialiste, et depuis élargi au lesbianisme par Caroline Fourest, au MEDEF puis à l'UMP par Philippe Val.

Une existence admise de lobbies économiques et de lobbies sexuels, beaucoup plus gênante lorsqu'il s'agit de lobbies ethno-confessionnels, la République ne reconnaissant toujours pas les communautés venant s'interposer entre l'individu citoyen et l'intérêt général ; sauf récemment quand il s'agit de musulmans…

MAJORITÉ DOMINÉE, MINORITÉS AGISSANTES, INEXISTENCE DE LA COMMUNAUTÉ NATIONALE ET IMPUISSANCE DE L'INDIVIDU CITOYEN

Réseaux, lobbies, groupes de pression… Pour sortir du mensonge dominant, servi par la naïveté universitaire et la servilité des clercs, en République, non seulement il n'existe que des communautés, mais la seule officiellement admise : la communauté nationale, pour n'être qu'une pure abstraction, est la seule qui n'existe pas.

Plus on gagne en extension, en effet, plus on perd en compréhension, ou exprimé autrement par l'adage populaire : *qui trop embrasse mal étreint.*

Ainsi, et contrairement aux idées reçues, en politique le plus grand nombre est un handicap, et si tous les pouvoirs se réclament du peuple, jamais de mémoire d'homme, aucun pouvoir ne lui échut.

Implacable constat, dont il découle que les organisations autoproclamées prétendant défendre des minorités contre l'oppression de la majorité abstraite – en réalité impuissante et inexistante – ne sont que des officines émanant de minorités agissantes, travaillant, elles, à la domination.

Une mise au pas de la majorité silencieuse par la persécution médiatique, judiciaire, pécuniaire et pénale des rares individus ne se soumettant pas à leur volonté de pouvoir.

Les deux plus beaux exemples démontrant cette réalité étant aujourd'hui la LICRA et le CRIF.

Le CRIF, où le gouvernement français tout entier, président de la République en tête, va prendre ses ordres, lors d'un dîner annuel, auprès d'une communauté représentant moins de 1% de la population française et défendant ouvertement, qui plus est, les intérêts d'un État étranger contrevenant à tous les droits de l'homme.

La LICRA, qui prétend lutter contre le racisme, sauf quand il s'agit de racisme anti-français, et qui fut créée, comme nous l'apprend l'excellent essai d'Anne Kling, *La France licratisée*, pour couvrir à l'origine l'assassinat politique d'un leader nationaliste sur notre territoire ; ce qui, au fond, n'a guère changé depuis…

LE POUVOIR OU LA MINORITÉ DOMINANTE

De la famille trop petite à la communauté nationale abstraite, toutes deux également sans pouvoir, se pose la question – à laquelle il ne peut être répondu que pratiquement – de la taille que doit et peut atteindre un réseau pour être effectivement une communauté puissante.

Et en guise d'élément de réponse, il est intéressant de remarquer que de tous temps, sous tous les régimes : Égypte pharaonique, démocratie grecque, brahmanisme hindou, monarchie catholique… une oligarchie d'à peine 1 % de la population a toujours commandé à la masse des 99 % restants ; comme une meute de loups dominant un troupeau de moutons.

Ainsi, la noblesse française, dernière oligarchie reconnue sous nos cieux, dicta-t-elle aux destinées de la France avec ce même pourcentage pendant plus de mille ans.

Et il serait intéressant de rechercher – à moins que le monde ait changé depuis du tout au tout – quelle nouvelle aristocratie, oligarchie ou minorité dominante ordonne aujourd'hui, avec ce même pourcentage, au reste du pays ?

Une question qui, en régime officiellement démocratique, est bien sûr la question qui tue…

LES MAFIAS DE CINÉMA

Les réseaux mafieux qui font frissonner le chaland sont connus du grand public essentiellement par le cinéma ; notamment la mafia italo-américaine à travers l'excellente épopée du *Parrain* (le clan new-yorkais Corleone).

Or, ce réseau de pouvoir et de solidarité – la mafia – combinant lien du sang (clan sicilien) et initiation (maçonnerie) n'est jamais que l'imitation, par des membres de la communauté au plus bas de l'échelle sociale, des autres réseaux de pouvoir et de solidarité – notamment WASP – qui constituent le moyen le plus sûr et le plus rapide de s'élever collectivement en régime démocratique.

Pas ou peu de mafia en effet dans l'URSS de Staline, l'Allemagne d'Hitler, l'Italie fasciste, la Chine populaire ou l'Irak de Saddam Hussein ; les régimes autoritaires étant peu propices à leur développement.

Comparés aux autres réseaux de pouvoir plus huppés (Skull & Bones, Bohemian Club, CFR…) la spécificité des réseaux mafieux tient surtout dans leurs moyens plus violents et primaires de domination. Moyens nécessités par leur peu de capital pécuniaire et social de départ : le vol (racket, braquages), le commerce des êtres humains et du vice (prostitution, alcool, drogue) étant les moyens d'enrichissement rapides et classiques ne nécessitant rien d'autre, comme mise de départ, que le courage et la brutalité physiques.

Méthodes et moyens expéditifs qui rendent ces mafias spectaculaires – donc cinématographiques – mais qui ne sont pourtant que l'étape du décollage vers le stade supérieur de la légalité : immobilier, finance, politique... Là où règnent les mafias plus puissantes de la violence et du racket légalisés.

Des mafias aux noms plus policés : Grand Patronat, Complexe militaro-industriel, Banque... où les avocats et les agents officiels ont remplacé les encaisseurs et les coupeurs d'oreilles, mais qui n'en constituent pas moins des réseaux de pouvoir n'hésitant pas à éliminer quiconque vient s'opposer à leur commerce – fut-il président des États-Unis – comme John-Fitzgerald Kennedy l'a découvert à ses dépend à Dallas, un certain 22 novembre 1963.

Ainsi les mafias de cinéma sont en fait celles, primaires et folkloriques, que l'ont peut dénoncer sans danger, parce qu'au bas de l'échelle hiérarchi-que des réseaux de puissance et de domination, comme la mafia calabraise au regard de la loge P2.

Ou encore parce qu'inopérantes chez nous, comme les fameux Yakuzas japonais.

Ou encore en déclin, comme une certaine maçonnerie provinciale issue de la Troisième République (GLF).

Le vrai pouvoir étant, par définition, ce à quoi il est réellement dangereux de s'attaquer, et la mafia des mafias, conséquemment, celle qu'on ne peut nommer sans trembler...

Enfin, pour comparer diverses organisations de solidarité et de domination, qu'on les appelle mafia, maçonnerie ou réseau :

– les jésuites, dont on dit qu'il régnèrent plusieurs siècles sur le monde catholique en formant ses élites, revendiquent aujourd'hui 19 200 membres ;

– la plus importante triade de Hong-Kong, la Sun Yee On, compte environs 40 000 membres, sévissant principalement sur le territoire des États-Unis ;

– le B'naï B'rith, la plus vieille organisation maçonnique juive, revendique, elle, plus de 500 000 membres à travers le monde. Et parmi eux, pas des pizzaiolos véreux, des judokas tatoués ou des clercs puisant leur force dans leur seul savoir, mais des personnalités éminentes issues des plus hautes sphères de la politique, des arts, des sciences du monde occidental, parmi lesquelles Sigmund Freud, Martin Sheen et Henri Kissinger.

Une puissance de réseau à côté de laquelle la mafia calabraise, dont on nous fait un épouvantail, est un tout petit joueur…

MAÇONNERIE, IDÉAL AFFICHÉ, BUT CACHÉ
ET NIVEAUX D'INITIATION

Officiellement, personne ne fait jamais rien pour de mauvaises idées, le mal avance toujours masqué. Et la fin réelle étant souvent très éloignée du but annoncé, l'initiation progressive, par degrés –

trente-trois dans la franc-maçonnerie – outre le parrainage, est la règle de fonctionnement de tout réseau maçonnique.

Une initiation par l'hermétisme au sens le plus trivial du terme : les degrés de la révélation étant autant de sas hermétiquement clos répondant, derrière les simagrées ésotériques, à une règle simple pour le frère initié passé d'apprenti à compagnon puis maître : « plus tu montes, plus tu sais mais plus tu touches ! »

Le renoncement à l'idéal : droits de l'homme, paix universelle, antiracisme… étant compensé – outre la désillusion muée en cynisme – par un plus grand accès au pouvoir et aux prérogatives mondaines qui vont avec ; toujours les mêmes : l'argent et les honneurs qui vous amènent les femmes ou les petits garçons, c'est selon.

Cette solidarité de l'intérêt bien compris – là où ne joue plus la foi et où n'existe pas les solidarités de sang des deux ordres anciens de la dominations : *oratores* et *bellatores* – étant alors renforcée par la complicité comprise au sens délictueux du terme : « si le réseau tombe, mouillé comme tu es, tu tombes avec lui »…

LE RÉSEAU MAÇONNIQUE,
MENSONGE DÉMOCRATIQUE

Ni sang, ni foi, ni classe, la franc-maçonnerie constitue donc le réseau de pouvoir typique de la modernité issue des Lumières.

Une solidarité horizontale fondée sur la complicité, doublée d'une soumission verticale fondée sur le mensonge qui reconstitue, de fait, ce « corps intermédiaire » entre le citoyen et l'État qui valut aux corporations d'être dissoutes par ceux-là même qui en ont pris leur place dans la République !

Qu'on parle du Grand Orient (50 000 frères environ), omniprésent dans la politique, ou de la GLNF (43 000 frères annoncés) omniprésente dans les affaires – soit la réalité du partage du pouvoir gauche / droite : la gestion du social pour les uns, celle du capital pour les autres – ou qu'on parle du plus moderne « Le Siècle » qui, avec 630 membres dont 150 invités, a la haute main sur la marche du pays, tous ces réseaux incarnent le mensonge démocratique par excellence.

Mensonge d'une République prétendant travailler à la démocratie par des moyens contraires : à l'égalité par la domination, à la transparence par l'hermétisme ; l'ancien Grand maître du GO, Alain Bauer, conseiller polyvalent de Nicolas Sarkozy – rôle que tente de lui contester son rival François Stifani, l'autre Grand maître de la GLNF – reconnaissant lui-même que dans notre système politique, dit démocratique, ce ne sont pas quarante millions de citoyens qui font les lois, mais 150 000 frères. Nombre qui correspond sans doute dans l'esprit de cet initié à la quantité de maçons spéculatifs, toutes obédiences confondues, présents sur notre territoire.

Une omniprésence avérée des réseaux maçonniques dans presque toutes les grandes affaires de corruption politique et financière : influences sur l'institution judiciaire et liens maçonnico-mafieux.

Une vaste organisation de domination régnant sur toute l'ère démocratique occidentale, mais aussi sur ses dominions comme l'Afrique, où tous les potentats sont maçons (Bongo, Sassou-Nguesso, Biya…) à l'exception notable des marxistes (Lumumba, Sankara…) qui eux finissent plutôt assassinés…

OMNIPRÉSENCE DE LA FRANC-MAÇONNERIE, SAUF DANS LES ÉTUDES UNIVERSITAIRES

Un pouvoir politique qui fait régner aussi une terreur épistémologique (comme l'Église sur l'Université de l'Ancien régime avant l'*Encyclopédie*). Toute étude sociologique des réseaux maçonniques et de leur pouvoir sur la République étant immédiatement taxée, malgré l'évidence, de complotiste et d'extrême droite.

Un désaveu dissuasif qui vaut immédiatement disgrâce et déshonneur pour le chercheur. Ce qui explique qu'aucun de ces fonctionnaires appointés par l'État ne s'y risque, surtout depuis 1945. Pas même feu Pierre Bourdieu – pourtant médaille d'or du CNRS (sic) – et qui malgré des milliers de pages d'enfonçage de portes ouvertes sur la « domination », n'a jamais pondu une ligne sur le sujet ; raison pour laquelle, sans doute, malgré l'indigence de son œuvre, il finit professeur titulaire de la chaire de Sociologie au Collège de France…

SANG ET DIEU : PERSISTANCE ET SOLIDITÉ DES SOLIDARITÉS ETHNIQUES ET RELIGIEUSES DANS LA MODERNITÉ (LES COMMUNAUTÉS)

Une fois admis le mensonge de la communauté nationale et du règne du plus grand nombre. Une fois admis, au-delà de l'individu et des classes, la réalité des minorités agissantes et des réseaux de domination, transversaux, verticaux. On est bien obligé d'admettre, en ces temps de dégradation des solidarités sociales et d'apologie médiatique du moi… pour les autres, la résurgence des communautés classiques fondées sur le sang et la foi.

Une situation admise, paradoxalement, suite à la mise en scène médiatique, et à la mise sur la sellette politique, du «communautarisme arabo-musulman». La *Oumma*, sans clergé et tiraillée entre mille influences étatiques, étant pourtant, parmi les communautés effectivement agissantes, la plus dénuée en France de pouvoir politique. Raison pour laquelle, à l'évidence, elle subit tant d'attaques. Les communautés puissantes étant, par définition, celles auxquelles on ose peu s'attaquer.

Une dénonciation de la montée d'un certain communautarisme ethno-confessionnel qui a révélé surtout, par effet retour, l'incroyable pouvoir sur le débat d'idées, les lois disant le droit et la République, de cet autre communauté ethno-confessionnelle à l'origine de la diabolisation de la précédente. Soit, face à une *Oumma* divisée, manipulée, humiliée et finalement fictive, la toute-puissance du CRIF.

Un pouvoir logique, si l'on songe à la puissance que procure l'addition, au sein d'une même communauté organisée :

– des liens du sang (la qualité de juif se transmettant héréditairement par la mère) ;

– d'une foi plurimillénaire fondée sur le projet clairement établi de la domination (destin historique promis par Dieu au peuple élu) ;

– du cosmopolitisme (cette communauté organi-sée étant présente au sein de la plupart des nations, et particulièrement des nations développées, pour faire d'elle la «communauté internationale» par excellence) ;

– et de la pleine maîtrise de la modernité : finance, médias et sciences.

Une combinaison de solidarités ethniques, religieuses et de classes qui en fait logiquement le réseau des réseaux.

Un réseau d'une puissance telle qu'aucun cinéaste ne se risquerait à produire sur lui une fiction comparable à celles qui pullulent pourtant sur la mafia sicilienne.

Un réseau d'une puissance telle que, malgré son omniprésence et son omnipotence avérées dans tous les secteurs clefs de la finance, de la politique, des médias et des sciences, rien que l'idée d'évoquer publiquement son nom provoque, chez l'individu conscient de la fiction qu'est en réalité notre démocratie de la liberté et de l'égalité, «stupeur et tremblement», comme le pauvre burakumin soudain mis en présence de l'empereur du Japon ancien…

CINÉMA ET APOLOGIE MENSONGÈRE
DU HÉROS SOLITAIRE

Face à cette réalité qu'est la supériorité des réseaux sur l'individu, le cinéma de masse produit par Hollywood nous vend, inlassablement, la fiction contraire du héros solitaire triomphant des réseaux du mal.

Et alors qu'Edmond Rostand avait l'honnêteté d'achever sa pièce par la défaite de Cyrano, vaincu par les coteries, le héros de cinéma, lui, gagne toujours à la fin.

Un mensonge du héros solitaire triomphant toujours du mal communautaire, dont on peut soupçonner le rôle d'éducation à la naïveté sur le gentil spectateur occidental…

ÊTRE COLLECTIF ET RIVALITÉ MIMÉTIQUE

Mais comprendre la force du réseau c'est aussi comprendre, sur le plan psychologique, la construction par ce laborieux travail d'initiation et de rites, d'un véritable « être collectif ».

Un être collectif où le succès de l'autre, considéré comme succès de soi, permet de surmonter la « rivalité mimétique ».

Cette rivalité inter-individuelle dont René Girard nous apprend par toute son œuvre qu'elle est un des moteurs du rapport à l'autre, et qu'elle constitue – en dehors des rivalités de classes – l'obstacle psychologique majeur à la solidarité collective…

ACTION INDIVIDUELLE, UTILITÉ COLLECTIVE : LES DEUX NIVEAUX D'EXISTENCE DE L'ÊTRE COMMUNAUTAIRE

Comprendre la logique du réseau c'est enfin comprendre la double réalité, chez l'individu communautaire, de sa conviction individuelle et de son utilité collective.

Comment son action, au-delà de l'expression d'une conviction personnelle, prend pleinement son sens, non pas au regard de sa valeur en soi, mais de l'intérêt qu'elle représente pour le réseau qui l'a promeut.

Une existence à deux niveaux, générant aussi une double éthique. L'individu pouvant être votre ami, tandis que son appartenance communautaire commande de vous trahir. Une duplicité, typique de la mentalité communautaire, si choquante et si difficile à admettre pour le simple individu…

LAÏCITÉ, SATANISME

Sur le plan moral, les réseaux de la domination par le mensonge et la dissimulation sont déjà le mal.

Mais ce mal peut aller beaucoup plus loin quand ceux qui s'appellent eux-mêmes «les fils de la lumière» – sans doute en référence à l'idéologie des Lumières qui les a portés – y voient un autre sens, plus noir, plus trouble et plus ésotérique.

Lucifer signifiant aussi «porteur de lumière», soit dans le livre d'Isaïe, ce roi babylonien raillé pour avoir voulu s'élever au-dessus de sa condition d'homme et dépasser Dieu.

Une figure prométhéenne associée à l'orgueil et progressivement devenue, dans la tradition chrétienne, le symbole du mal et un des noms du Diable. Personnage que l'*Apocalypse selon Saint Jean* identifie à Satan le tentateur, Satan le menteur, Satan le diviseur, et désigné aussi par Jésus, dans l'*Évangile de Jean,* comme «meurtrier» et «Seigneur de la Terre»…

Dès lors, l'existence, au plus haut niveau

d'initiation, de maçonneries sataniques type: Illuminati, Skull and Bones et autres sectes vouant un culte aux dieux anti-chrétiens, babyloniens ou égyptiens, tel Moloch, avec cérémonies simulant des meurtres d'enfants comme dans *The Cremation of care* du Bohemian Club, n'est pas si délirante.

Pas si délirante, puisque pour assumer la cruauté qu'impliquent les décisions prises au plus haut niveau par ces réseaux de domination occultes sur l'humanité souffrante – décisions générant: chômage, famines et guerres – il faut avoir renoncé aux commandements chrétiens d'humilité et de charité et avoir, littéralement, voué son âme au diable!

C'est d'ailleurs ce constat terrifié que faisait le producteur hollywoodien Aaron Russo, suite aux propos que lui aurait tenus le grand initié Nick Rockefeller. Propos révélant les desseins maléfiques de l'oligarchie mondialiste et qu'Aaron Russo osa dénoncer dans une confession vidéo célèbre, quelques mois avant sa mort, parce qu'il se savait condamné…

MAÇONNERIES ET NOUVEL ORDRE MONDIAL

Articulés autour du noyau onusien – ONU qui reprenait, après la Deuxième Guerre mondiale, le principe mondialiste de la Société des Nations initiée en 1918 par notre compatriote, au service du pouvoir bancaire anglo-saxon, Jean Monnet – le CFR, la commission Trilatérale et le groupe Bilderberg, mais encore le FMI (de notre futur président Strauss-Kahn), l'OMC (de Pascal Lamy, autre agent français au service des intérêts anglo-saxons), l'OCDE, les lobbies militaro-industriels, énergétiques, agro-alimentaires et pharmaco-chimiques (servi par l'OMS), ainsi que des clubs plus ésotériques tels que Skull and Bones et Bohemian Club, auxquels il faut encore ajouter d'autres relais français tels que Le Siècle et le Club des Cordelières…

Tous ces réseaux de pouvoir, travaillant la main dans la main pour des raisons d'intérêts financiers et de solidarité de caste, constituent ce réseau des réseaux qui est, de fait, la structure combattante de l'Empire.

Un Empire travaillant au Nouvel ordre mondial, soit à l'abolition de la démocratie et au pouvoir bancaire intégral – forme achevée du Capital – sur le dos du travail, des nations et des peuples…

4.
DES CLASSES ET DES LUTTES

L'État n'est pas la patrie. C'est l'abstraction, la fiction métaphysique, mystique, politique, juridique de la patrie. Les masses populaires de tous les pays aiment profondément leur patrie; mais c'est un amour réel, naturel. Pas une idée: un fait… Et c'est pour cela que je me sens franchement et toujours le patriote de toutes les patries opprimées.

Mikhaïl Bakounine

J'travaille comme un chien toute la semaine
J'vous jure que l'patron il est content.
Mes amies se sont mises en colère:
"C'est pas bien malin c'que tu fais là,
Faut c'qu'y faut mais toi tu exagères,
Tu verras qu'un jour tu l'regretteras."
J'm'en fous pas mal.
Y peut m'arriver n'importe quoi,

J'm'en fous pas mal.
J'ai mon dimanche qui est à moi.
C'est p't'être banal,
Mais ce que les gens pensent de vous,
Ça m'est égal !
J'm'en fous !

Édith Piaf

LES CLASSES SOCIALES ONT TOUJOURS EXISTÉ

Déterminées par l'évolution des forces productives – soit l'histoire du progrès technique – et les rapports de productions qui découlent de cette évolution (pas de rapports bourgeoisie / prolétariat sans invention, aussi, de la machine à vapeur nécessaire à la révolution industrielle), les classes sociales ont toujours existé.

Toujours existé ou, plus exactement, existé depuis que l'homo faber, sortant d'un mythique «communisme primitif», s'engagea sur la voie nécessaire et fatale de la spécialisation des tâches, pour générer, par la division du travail, les premières divisions sociales.

Une division sociale en classes qui remonte donc à la nuit des temps historiques…

CLASSE PAR LA PRATIQUE
ET MENTALITÉ DE CLASSE

Des classes sociales définies par leur praxis : les *laboratores* par l'agriculture, l'artisanat puis le commerce ; les *bellatores* par le métier des armes ; les *oratores* par l'apprentissage et la transmission du savoir dans l'ancien monde tripartite.

Une praxis qui génère aussi une culture et une mentalité de classe : mentalité commerçante aujourd'hui dominante, mentalité populaire majoritaire mais toujours méprisée et mentalité aristocratique logiquement en voie de disparition.

Une culture et une mentalité de classe qui n'épuisent, par ailleurs, ni la question du groupe ethno-culturel entrainant un autre ordre de conscience et de solidarité ; ni la persistance de l'animal en l'homme et les comportements réflexes qui vont avec : instinct de survie individuelle, soucis de sa progéniture…

ANTAGONISMES DE CLASSES, COLLABORATION DE CLASSES ET «LUTTISME DE CLASSE»

Mais du temps du pouvoir royal, notamment sous la monarchie théocratique qui précéda notre démocratie maçonnique et marchande, les antagonismes de classes étaient jugulés ou transcendés – selon qu'on y voit un mal ou un bien – par la soumission générale à l'ordre divin.

La solidarité ethno-culturelle, celle par exemple de tous les sujets de sa majesté dans le royaume de France, primant, en dernière instance et malgré les tensions, sur les antagonismes de classes comme sur la solidarité de classe.

Une acceptation de la loi de Dieu – et du *fatum* – qui empêchait ce «luttisme de classe», dénoncé par Charles Péguy comme le mal moderne, et qui caractérise fatalement le monde de l'immanence qui lui a succédé.

Un «luttisme de classe» ne pouvant être contré, dans notre société bourgeoise de l'immanence et du profit, que par la solidarité nationale en remplacement de l'ordre divin ; ou, dans le sens opposé, par la promotion d'un individualisme exacerbé détruisant alors toute solidarité…

LA CLASSE OUVRIÈRE, INCARNATION DU MENSONGE ET DE LA TRAHISON BOURGEOISE

Dans le monde de l'immanence ayant succédé à la Révolution française, la lutte des classes devient donc effectivement le nouveau moteur de l'Histoire.

Une lutte résultant d'abord de la fin de la solidarité trans-classes existant précédemment dans la monarchie de droit divin ; mais une lutte résultant ensuite, et surtout, de la promesse non tenue des Lumières.

La prise du pouvoir par le Tiers-État, une fois évincés la Noblesse et le Clergé, n'ayant pas débouché sur l'égalité sociale de tous les citoyens et la fraternité nationale, mais sur l'exploitation, à l'intérieur du Tiers-État, d'un prolétariat industriel par une nouvelle bourgeoisie capitaliste entrepreneuriale, encore plus dure envers ses salariés que ne l'était la noblesse avec ses paysans.

Le prolétariat et sa misère étant, littéralement, l'incarnation du mensonge de la bourgeoisie et de ses soi-disant Lumières.

Une situation nouvelle de violence et de mensonge à l'intérieur du camp progressiste qui fera le lit, à partir de 1830, de la pensée et de l'épopée socialiste…

LE RÊVE D'UN MESSIANISME PROLÉTARIEN

Une fois gommées, par les ratés de l'Histoire, les prétentions du marxisme à la scientificité, la grande idée du socialisme peut se résumer ainsi :

Le prolétariat créé, tel le golem, par la bourgeoisie elle-même – et qui est le fruit de ses contradictions – sera, de par sa conscience puisée à sa souffrance, et les qualités morales qui sont censées en résulter : respect et solidarité envers les travailleurs, la classe chargée, par l'Histoire, de punir la bourgeoisie capitaliste exploiteuse et menteuse, par une prise de pouvoir dépossédant cette même classe bourgeoise de son pouvoir sur cette fausse démocratie qu'est la démocratie libérale.

Une prise du pouvoir par le prolétariat qui achèvera, du même coup, le travail politique progressiste entrepris par la Révolution française – et trahi par la bourgeoisie – pour produire enfin réellement, et plus seulement formellement, cette société fraternelle et sans classes promise par l'égalité citoyenne des Lumières.

Un espoir et une vision du monde qui fait du marxisme, quoi qu'il en dise, un moralisme et un idéalisme.

Un projet s'efforçant de renouer avec l'eschatologie chrétienne du partage et de l'amour, dans le monde matérialiste généré par l'immanentisme marchand, en s'appuyant sur un messianisme prophétique, puisé lui même au judaïsme.

Projet socialiste prétendant s'appuyer sur le logos grec pour réaliser le projet juif messianique et missionnaire chrétien réconciliés, et résultant sans doute de la triple culture juive, chrétienne et grecque du philosophe Karl Marx, principal théoricien du socialisme dit scientifique…

LE MESSIANISME PROLÉTARIEN, PROJET DES INTELLECTUELS

Un projet de révolution socialiste, par et pour les prolétaires, pensé et voulu non par des prolétaires – les prolétaires, pour des raisons de praxis ayant rarement le bagage conceptuel nécessaire – mais par des intellectuels issus de deux franges de la bourgeoisie :

– la petite bourgeoisie nationale, pour les socialistes libertaires et autres syndicalistes révolutionnaires, tels que Pierre-Joseph Proudhon et Georges Sorel. Penseurs souvent autodidactes et profondément liés au monde du travail ;

– la moyenne et grande bourgeoisie ashkénaze, pour les socialistes internationalistes tels que Karl Marx et Ferdinand Lasalle. Théoriciens totalement étrangers aux classes laborieuses, et opposant à l'empirisme petit bourgeois des premiers, l'arrogance d'une abstraction conceptuelle puisée à la philosophie helléno-européenne ; une philosophie fiévreusement embrassée depuis leur récente émancipation de la pensée talmudique et du ghetto.

Le plus bel exemple de cet écart absolu entre le sujet pensant et l'objet pensé étant sans doute

Histoire et conscience de classe de Georg Lukacs. Énorme pavé historico-philosophique où ce fils de banquier de la grande bourgeoisie juive hongroise tente de démontrer, par une élucubration conceptuelle virtuose, le destin messianique et anti-bourgeois d'un prolétariat idéalisé qu'il n'a jamais côtoyé. Un engagement théorique qui le conduira, lui le fin lettré, à participer au gouvernement sanguinaire de l'aventurier Béla Kun, puis à soutenir jusqu'à son dernier souffle l'œuvre de Joseph Staline.

Un prolétariat idéal sorti de la tête de l'intellectuel, utilisé comme arme contre sa propre classe chez le cadet de la bourgeoisie empli de culpabilité pour la trahison des Lumières, perpétrée par ses pairs.

Prolétariat supposé révolutionnaire, utilisé aussi comme arme de la revanche et de la conquête, par le déclassé et le cosmopolite, contre les élites possédantes : cette bourgeoisie nationale et chrétienne dont on veut prendre la place au nom du prolétariat…

PAS D'AUTONOMIE DE CLASSE
SANS CULTURE DE CLASSE

Théâtre antique, geste chevaleresque, roman bourgeois… la conscience et l'autonomie d'un groupe social se démontre d'abord par sa production culturelle. Une culture spécifique où ce collectif exprime devant l'Histoire ce qu'il sait être et ce qu'il veut.

Or, comme Édith Piaf, interprète magnifique, mais interprétant des textes écrits pas d'autres, le prolétariat révolutionnaire n'a jamais fait que suivre des meneurs non issus de ses rangs, et jouer devant l'Histoire une partition qui n'est pas de sa main...

Lucide sur ce point, Louis-Ferdinand Céline, petit bourgeois lettré qui a le mieux exprimé la souffrance et l'âme populaire, tirait une fierté ironique de ce compliment de Jospeh Staline – autre déclassé cynique – qui considérait *Le Voyage au bout de la nuit* (traduit en russe par une Elsa Triolet elle aussi parfaitement étrangère au monde ouvrier) comme le seul roman prolétarien jamais écrit.

Ironie, partagée par ces deux esprits d'un réalisme amer, de constater que l'individu prolétaire, dont le XIXᵉ siècle intellectuel avait fait le héros de l'Histoire, était en fait un héros muet ; la fameuse classe messianique, une classe n'ayant jamais produit la moindre culture spécifique où exprimer sa conscience et son projet – le « réalisme socialiste » imposé par le Parti en étant la démonstration même – sauf à confondre un peu vite culture prolétarienne et culture populaire...

PEUPLE OU PROLÉTARIAT ?

De François Villon à Dieudonné en passant par Louis-Ferdinand Céline, Michel Audiard et Coluche, la culture populaire perpétue, à travers les siècles, un génie débonnaire aux antipodes d'un « réalisme socialiste » exprimant par décret l'art prolétarien.

Une culture du peuple et pour le peuple qui nous oblige, pour définir le groupe humain dont elle est l'expression, à préciser d'abord ce que le peuple n'est pas.

Peuple qui n'est d'abord ni la noblesse ni le clergé, mais ce « tiers exclu » constitué des non privilégiés sous l'Ancien régime, et qui accède en théorie, comme Tiers-État, au plein pouvoir par la Révolution française.

Peuple que l'on doit définir encore, face à l'exploitation et au parasitisme des classes supérieures – noblesse puis bourgeoisie à l'intérieur du Tiers-État – comme le monde du travail et de la production ; soit cette classe des *laboratores* assumant et assurant – selon la terminologie freudienne – le « principe de réalité » : paysans, artisans, commerçants, ouvriers, petits entrepreneurs... auxquels il faut agréger encore les petits fonctionnaires utiles et les artistes exprimant cette sensibilité.

Peuple que l'on peut définir aussi en terme de classes, comme l'addition du prolétariat et de la classe moyenne.

Un peuple constitué de la petite bourgeoisie et du prolétariat qui se côtoient d'ailleurs dans la vie réelle, comme le patron de bistrot, propriétaire de son moyen de production, et son client, l'ouvrier salarié.

Deux groupes sociaux mitoyens et mêlés que le socialisme scientifique, au nom d'abstractions intellectuelles démenties par la réalité – à commencer par la réalité sociale et urbaine du quartier et du bistro – s'est toujours évertué à séparer et à opposer...

MENSONGE DE L'INTERNATIONALISME
PROLÉTARIEN : LE PEUPLE EST TOUJOURS PATRIOTE

Prolétariat fantasmé et manipulé par les abstractions d'agitateurs cosmopolites, présenté comme internationaliste, alors, qu'autre constat pratique historiquement démontré, le peuple est toujours patriote.

Patriote comme le peuple de la Commune refusant, au nom de la fierté française, la défaite de Sedan et une soumission de Paris à l'occupant prussien, acceptée par la bourgeoisie versaillaise...

Peuple acclamant toujours ses équipes sportives nationales, face au mépris ou à la manipulation – quand le sport devient un marché – des élites d'argent dédaigneuses de ces engouements simples et collectifs (cf. Bernard-Henri Levy).

Peuple fidèle à sa nation face à la trahison de ses élites cosmopolites ; que ce soit celle de Louis XV sacrifiant les intérêts de la France à ceux de son cousin le roi de Prusse, ou celle de Sarkozy l'américain liquidateur actuel de l'indépendance française...

IL N'Y A D'INTERNATIONAL QUE LE CAPITAL

Des familles régnantes, mettant le cousinage européen au-dessus de l'intérêt national (d'où la fuite à Varenne de Louis XVI), à la bourgeoise soumise à l'intérêt d'un capital lui aussi sans frontières, la mentalité internationaliste – en réalité cosmopolite – est parfaitement étrangère au peuple.

Un internationalisme qui est, en revanche, le propre des élites voyageuses et des manipulateurs nomades faisant leurs affaires au-dessus de la tête de peuples. Peuples de par leur praxis peu mobiles et enracinés.

Ainsi, l'anti-nationalisme proféré par un Georges Sorel à la veille de 1914, ne doit pas se comprendre comme un mépris élitiste de la solidarité nationale, mais comme le refus d'une manipulation bourgeoise poussant les peuples, français et allemands, au bain de sang pour le plus grand intérêt du Capital...

L'INTERNATIONALISME OUVRIER BIEN COMPRIS, CONTRAIRE DE L'ANTINATIONALISME TROTSKISTE

Refus d'un nationalisme belliqueux instrumentalisé – dès Napoléon 1er – par les forces d'argent et conduisant toujours à la souffrance des peuples, qui doit nous faire comprendre l'internationalisme ouvrier, non pas comme l'expression d'un antipatriotisme instinctif, mais comme la solidarité des peuples du travail, dans un souci d'efficacité politique, face aux manipulations du Capital apatride.

Un internationalisme partant du national pour revenir à lui, comme celui du PCF anti-immigrationiste de Georges Marchais, exprimé par son fameux discours de Montigny-lès-Cormeilles.

Discours populaire et patriote, aux antipodes de l'internationalisme trotskiste exprimant une haine quasi-religieuse de la Nation. Un mépris de la frontière et des peuples enracinés professé par des agitateurs professionnels, rarement issus du peuple du travail, et partagé par la grande bourgeoise d'argent.

D'où l'intérêt, pour le grand Capital, de favoriser discrètement ces agitateurs anti-nationaux au détriment des représentants légitimes du peuple ouvrier solidaire et patriote.

Une collusion entre mondialistes de droite et internationalistes de gauche – en réalité tous cosmopolites – rendue d'autant plus facile qu'ils sont souvent issus, comme le démontre l'Histoire, de la même communauté…

PHILOSOPHIE DE LA MISÈRE
CONTRE MISÈRE PAR LA PHILOSOPHE

Mais pour revenir au combat théorique anti-capitaliste mené durant toute la seconde moitié du XIXe siècle au sein même de la famille socialiste, deux camps vont s'affronter prétendant tout deux apporter la bonne réponse à cette même question centrale : «Dans le monde de l'immanence où tout provient de la praxis, quelles sont les conditions matérielles, sociales et politiques propres à libérer l'homme ?»

Une question mais deux réponses et deux groupes principaux pour mener à bien la lutte anti-bourgeoise :

– d'un côté, le socialisme libertaire des Bakounine et Proudhon ;

– de l'autre, le socialisme dit «scientifique» du tandem Marx – Engels.

Les premiers s'efforçant de répondre à cette question immense par le bon sens et l'empirisme. Les seconds opposant aux tâtonnements et aux approximations des premiers, un système philosophique totalisant se réclamant d'un «sens de l'Histoire», repris de Hegel, et qui traitera, du haut de sa prétendue scientificité, la tentative de penser les remèdes pratiques à la misère des premiers, de «misère de la philosophie».

Une virtuosité conceptuelle dite «matérialiste historique et dialectique» qui, malheureusement pour eux et pour le prolétariat, se révélera avec le recul du temps, qui dit le vrai sens de l'Histoire, les élucubrations prétendument scientifiques de bourgeois arrogants comme des nouveaux riches, usant, en apprentis sorciers, d'une philosophie très éloignée de leur culture héritée prophético-messianique, pour se moquer de penseurs autodidactes mais issus du monde du travail, dont toutes les intuitions anti-marxistes-léninistes se sont révélées justes…

SE MÉFIER DU PROGRÈS

Le Progrès, promu au nom du «sens de l'Histoire» par Marx, contre les intuitions et les remarques de bons sens de Proudhon puis Sorel – qui eux prenaient humblement acte du refus du machinisme exprimé par les luddites en Angleterre, les canuts en France, et d'une façon générale par les corporations représentant l'aristocratie ouvrière – débouchant sur l'abrutissement du travail parcellaire, l'aliénation suprême du taylorisme et du fordisme…

VERS LE SALARIAT GÉNÉRALISÉ

Ce progrès machiniste aliénant – de surcroît exigeant en capital – passant nécessairement par la concentration et la grande unité de production. Soit par la généralisation d'un salariat générateur de soumission, de passivité et d'infantilisme, comme Proudhon puis Sorel l'avaient également pensé contre Marx et Engels…

LA DICTATURE DU PROLÉTARIAT
C'EST LA DICTATURE DU PARTI

La dictature du prolétariat, théorisée par Marx puis accomplie par les bolcheviks – Lénine constatant l'amorphie des masses prolétaires livrées à elles-mêmes et à leur conscience, préférant tabler, pour prendre le pouvoir, sur une «avant-garde révolutionnaire», soit sur des professionnels non prolétaires mais formés à l'action révolutionnaire, plutôt que sur un «spontanéisme» des masses accomplissant un «sens de l'Histoire» qui conduira l'universitaire virtuose, mais la politique naïve, Rosa Luxembourg, à l'échec et à la mort.

Bref, la soi-disant «dictature du prolétariat» qui n'a rien demandé ni projeté, conduisant dans les faits à la dictature inéluctable du Parti-État. Soit, dès Lénine, à la bureaucratie et à la Nomenklatura stalinienne…

SOCIALISME OU POPULISME : LES CONDITIONS
DE LA CONSCIENCE ET DE LA LIBERTÉ

Face à ce régime fondé sur la division du travail et le salariat généralisé sous l'autorité exclusive du Parti-État – soit la dictature machiniste et policière d'un «socialisme réel» justifié et maquillé par l'arrogance d'une science philosophique rabâchée et crue comme une religion – les penseurs populistes : Bakounine, Proudhon puis Sorel, plus réalistes que matérialistes, plus intuitifs que conceptuels, opposèrent dès le début une autre piste de salut pour le peuple du travail.

Prônant, pour accoucher d'un monde de conscience et de liberté, une société de petit patrons, petits propriétaires, issus de l'aristocratie ouvrière et travaillant main dans la main dans le respect de l'échelle humaine.

Soit la conscience facilitée, non pas par le catéchisme du Parti sur des salariés infantilisés, mais par la responsabilité économique et sociale – donc politique – résultant de la propriété de ses moyens de production.

Soit encore la liberté, non pas distribuée par un État-gendarme centralisateur, mais concrètement permise par l'indépendance économique et sociale – donc aussi politique – conférée par la propriété, pour le plus grand nombre, de ses moyens de vie et de production.

Une société mutualiste de petits producteurs citoyens, exprimant non pas le désir de pouvoir et de domination d'un petit groupe manipulant un prolétariat exploité et sans objectif à travers l'appareil d'État, mais une société de liberté, d'égalité et de fraternité concrètes, renvoyant plus à la démocratie grecque qu'au socialisme soviétique, mais cette fois sans esclaves !

Une société aux antipodes aussi bien du socialisme marxiste-léniniste que du capitalisme bourgeois, tous deux fondés sur la fuite en avant technicienne, l'extrême division du travail et le salariat généralisé au service d'un État-patron (pour le socialisme) ou d'un Patron-État (pour le capitalisme), ce qui revient au même…

Proximité de deux systèmes, fondés tous deux sur le seul progrès matériel, qui explique parfaitement le passage sans heurt, et sans contestations, de l'URSS de Mikhaïl Gorbatchev à la Fédération de Russie de Boris Eltsine ; la vitesse à laquelle le soi-disant « homme nouveau », forgé par soixante-dix ans de socialisme, se convertit à l'abrutissement consumériste occidental, puisqu'il a suffi pour ça de remplacer, à la tête d'un édifice parfaitement vertical, l'Étoile rouge par Coca-Cola.

Un « socialisme scientifique » arrogant, ultra conceptuel, en réalité psalmodique et finalement grossier (dont l'œuvre absconse de Louis Althusser sera l'ultime caricature) masquant l'irresponsabilité salariale et fordiste, guidée par le parasitisme de la Nomenklatura, derrière une dictature bureaucratique.

Socialisme réel qui se révèlera non pas, au final, la volonté d'émancipation du monde ouvrier, mais la volonté de domination de cosmopolites et de déclassés manipulant la légitime souffrance ouvrière contre la fautive bourgeoisie chrétienne…

NI CAPITAL NI DICTATURE DU PROLÉTARIAT : LA SOLITUDE DE GEORGE ORWELL

Un vaste mensonge politique rejoignant l'autre dans un même totalitarisme qu'avait pu constater l'Anglais George Orwell dès les années 1940, suite à ses pérégrinations en France puis en Espagne.

Mascarade du « socialisme réel » dénoncée aussi

par le Russe Alexandre Soljenitsyne dans les années 1950, mais cette fois du point de vue de la réaction.

Réhabilitation d'un populisme renvoyant dos à dos capitalisme et socialisme, défendu aujourd'hui en France par le subtil Jean-Claude Michéa, à la suite des travaux de l'américain Christopher Lasch…

LA LUTTE POUR LA BONNE LUTTE DES CLASSES

Recherche du salut pour Orwell et Michéa, non pas par le prolétariat et l'opposition abstraite prolétariat / bourgeoisie, mais dans l'union du prolétariat et de la classe moyenne vers la classe moyenne généralisée. Dans cette union du peuple : ouvriers, artisans, se levant lors de la Commune de Paris contre un Capital «versaillais» dont les intérêts lui demeurent étrangers.

Un populisme taxé par ses ennemis bourgeois – comme révolutionnaires cosmopolites – de «petit bourgeois» et assez éloigné, c'est vrai, de la verbeuse et emphatique démocratie parlementaire française issue de la Révolution.

Un populisme frondeur et libertaire tout aussi éloigné du socialisme soviétique, continuateur sur bien des plans – n'en déplaise à Soljenitsyne – du despotisme tsariste.

Un populisme renvoyant finalement bien plus à l'idéal pionnier américain luttant à la fois contre la Banque et l'État – incarné alors par la City et la monarchie anglaise – pour une démocratie mutualiste de petits propriétaires producteurs, incarnée encore dans l'Amérique profonde par un certain esprit républicain…

LA DISCRÈTE STRATÉGIE DE L'EMPIRE, OU LA BANQUE EMPÊCHANT, AU NOM DU SOCIALISME, LA JONCTION POPULISTE DU PROLÉTARIAT ET DE LA CLASSE MOYENNE (MARX CONTRE PROUDHON)

Dès lors, le combat socialiste – à commencer par l'opposition Bakounine-Proudhon contre Marx-Engels – peut et doit se comprendre, non pas comme l'opposition binaire du socialisme du travail contre la bourgeoisie du capital, mais plutôt, de façon plus perverse et triangulaire, comme la lutte du grand capital mondialiste, manipulant et finançant des révolutionnaires professionnels. Révolutionnaires professionnels le plus souvent issus de la bourgeoisie cosmopolite : agitateurs stipendiés, dialecticiens fumeux mettant en scène un soi-disant combat unitaire du travailleur contre le bourgeois, où grand bourgeois spéculateur apatride et petit bourgeois entrepreneur enraciné sont systématiquement confondus – comme dans le catéchisme d'Arlette Laguiller – pour empêcher la jonction populaire, elle authentiquement révolutionnaire au regard du pouvoir du Capital, de la petite bourgeoisie et du prolétariat national.

L'histoire de cette manipulation et de cette collusion, où un socialisme cosmopolite manipule un prolétariat fantasmé contre une classe moyenne enracinée systématiquement diffamée, étant l'histoire cachée du mouvement ouvrier.

Un mensonge et une manipulation historiquement révélés, à partir des années 1970, par le ralliement final de ces soi-disant révolutionnaires cosmopolites au libéralisme mondialisé.

Ralliement effectué sous la férule des trotskistes,

en Europe sous le nom de « libéralisme libertaire »
et aux États-Unis sous l'appellation « néo-
conservateurs ».

Une flopée de sociaux-traitres dont énumérer
les noms évoquerait immédiatement la liste de
Schindler…

LA DISCRÈTE STRATÉGIE DE L'EMPIRE, OU LA BANQUE FAVORISANT LA GAUCHE PARLEMENTAIRE CONTRE LE SYNDICALISME RÉVOLUTIONNAIRE (JAURÈS CONTRE SOREL)

Une fois assurée la victoire des socialistes
« scientifiques » sur les socialistes libertaires, après un
combat inégal (au regard des sponsors) qui durera
toute la seconde moitié du XIXe siècle, un second
combat de liquidation du peuple révolutionnaire
s'accomplira à l'intérieur du prolétariat salarié.

Ce sera, au tournant du siècle jusqu'à la Première
Guerre mondiale, le combat du syndicalisme
révolutionnaire, adepte de la grève générale et de
l'action directe, contre le socialisme parlementaire
sous influence maçonnique ; soit la deuxième défaite
populiste de Georges Sorel face à Jean Jaurès…

LA LUTTE RÉDUITE À LA LUTTE POUR LE POUVOIR D'ACHAT OU LE COMBAT PERDU DES REPRÉSENTANTS DU PEUPLE UNIS CONTRE LES MANIPULATEURS DU PROLÉTARIAT

Ainsi, de 1830 à 1970, tout le combat mené à
l'intérieur de la gauche doit se comprendre comme

la lente défaite des forces populaires face aux professionnels du socialisme.

La transformation progressive et subtile, par les forces de gauche stipendiées par le Capital et sous l'influence des Loges, d'un combat anti-bourgeois pour changer la vie en combat pour le pouvoir d'achat.

Soit au final, la démocratie, qu'elle soit libérale ou socialiste, limitée au Marché...

COMPLEXIFICATION ULTÉRIEURE
DES RAPPORTS DE CLASSES

Avec la défaite de l'alliance du travail : prolétariat-classe moyenne, nous avons donc, de la fin de Première Guerre mondiale jusqu'à l'orée des années 1960, une histoire officielle gauche / droite partagée par les deux camps – communiste comme libéral – et occultant derrière ses «patrons» et ses «travailleurs», si chers à Arlette Laguiller, l'opposition petite et grande bourgeoisie à droite, aussi bien qu'à gauche la proximité petite bourgeoisie et prolétariat...

LES ANNÉES 1960 OU
LA MONTÉE DU SECTEUR TERTIAIRE

Mensonge et culture imposés d'une société classe contre classe : prolétariat / bourgeoisie qui, malgré la défaite théorique de l'adversaire populiste – définitivement diabolisé en «fasciste» après 1945 – deviendra une fiction intenable à partir des années 1960.

Sociologiquement intenable à cause de l'extension, à l'intérieur du salariat, d'un secteur tertiaire de cols blancs issus des métiers de service, supplantant bientôt les cols bleus.

Nouvelle caste des employés de bureau, devenant majoritaire à partir des années 1960, et dont la mentalité et la culture, toujours puisées à la praxis, inclinent beaucoup plus vers la société de consommation et de compromis que vers le combat de classe…

CLASSE MOYENNE ET
COUCHES MOYENNES SALARIÉES

Émergence d'une nouvelle classe de petits bourgeois salariés, à la fois éloignée de la culture communiste des ouvriers, mais aussi de la culture populiste de la classe moyenne, et qui constitue ces nouvelles «couches moyennes salariées», allant du petit col blanc au cadre.

Couches moyennes salariées dont la mentalité fait désormais le tampon politique entre monde du travail et Capital, à ne surtout pas confondre – comme le fait systématiquement la sociologie journalistique – avec la «classe moyenne» constituée, elle, des artisans, commerçants et petits patrons, propriétaires de leurs moyens de production, et qui font au contraire la jonction entre Travail et Capital, puisque ils sont à la fois petits capitalistes et travailleurs à risques…

MENTALITÉ DE CADRE CONTRE MENTALITÉ DE PETIT PATRON : NOUVELLE BOURGEOISIE DE GAUCHE CONTRE DROITE POPULAIRE

Une nouvelle mentalité de cadre, lit sociologique de la «gauche sociétale», parfaitement décrite dans le roman *Les Choses* de Georges Perec, puis illustrée à son insu par les films de François Truffaut.

Mentalité féminisée – à la fois petite bourgeoise et antipopulaire – aux antipodes de la mentalité «petit patron», en recul à partir des années 1960, exprimée, elle, par les chroniques d'Antoine Blondin et les dialogues de Michel Audiard...

LIQUIDATION À GAUCHE DE LA SOLIDARITÉ SALARIALE

Ainsi, à l'opposition forcée du prolétariat salarié et de la petite bourgeoisie entrepreneuriale – qui constituaient le Travail – par le dénigrement «socialiste» de cette dernière, succédera, à partir des années 1960, la nouvelle opposition à l'intérieur du salariat, des ouvriers et des employés de bureau.

Cette nouvelle bourgeoisie de gauche de la consommation sans l'avoir, séduite par la nouvelle stratégie du standing mise en place par le Capital via la «Société de consommation» (verroterie à forte valeur ajoutée culturelle telle que mode et déco, flatteries du *Nouvel Obs*, de *L'Express* puis de *Libération*) méprisant dorénavant ces autres salariés que sont les ouvriers, désormais considérés et traités comme des beaufs à tendance fasciste...

ILLUSION À DROITE
DE LA SOLIDARITÉ PATRONALE

Nouvelle division du camp du Travail, à l'intérieur du salariat, par la séduction du standing culturel, qui sera complétée, du côté du Capital, par cette autre flatterie médiatique – véhiculée elle par le CNPF – et consistant à faire semblant de considérer le petit patron comme faisant partie de la classe patronale, alors que son destin est d'être liquidé par elle...

LES ANNÉES 1970 OU LA « NOUVELLE SOCIÉTÉ »

Ainsi, grâce aux médias et à la propagande, le petit cadre se prend pour un bourgeois, tandis que le petit patron se sent solidaire du MEDEF.

Une mise à contribution du crétin de gauche et du connard de droite vers cette social-démocratie à la française qu'on appellera, à partir de Chaban-Delmas, puis sous le septennat de Giscard d'Estaing : la « nouvelle société française »...

VERS LA MONDIALISATION : LES ANNÉES 1990

Cette fin mythologique et sociale du face à face salariat uni, bourgeoisie patronale indifférenciée, au profit d'une social-démocratie centrée sur les couches moyennes salariées (période très honnêtement décrite dans les films de Claude Sautet sur la France des cadres des années 1970) sera suivie par un deuxième saut, imposé celui-là par la mondialisation ultralibérale des années 1990...

HYPER-CLASSE, NOUVELLE CLASSE
ET SOUS-CLASSE

Ces années 1990 qui verront s'achever le déclassement de la bourgeoisie nationale engagée dans les années 1960 – cette France des PDG incarnée notamment par le personnage autoritaire et local de Louis de Funès – au profit, pour le petit nombre qui aura su prendre le virage de la mondialisation, du très gros salarié de multinationale, style Jean-Marie Messier…

L'IDÉLOLOGIE DE L'HYPERCLASSE

Une nouvelle caste emblématique de techno-gestionnaires du Capital désormais coupés de toute attache géographique et morale, dont les salaires vertigineux, accompagnés de «stock options», correspondent en fait à un transfert de Capital accepté par les actionnaires, à condition que les gains immédiats de rentabilité – quel qu'en soit le coût social – soient au rendez-vous.

Une mise en relation directe et mercenaire du salaire et du profit, également mise en place au même moment chez les autres acteurs clefs de la mondialisation : sportifs de haut niveau (notamment les footballeurs), acteurs-chanteurs-producteurs (Madonna, Tom Cruise, Bono…) qui en assurent la promotion médiatique.

Un petit monde de nouveaux riches qui va constituer devant le consommateur-spectateur désormais statutairement salarié précaire, cette hyperclasse mondiale aux revenus exponentiels, mais dénuée du minimum de culture « humaniste » ; culture humaniste qui caractérisait et modérait, à la suite du catholicisme, la bourgeoise classique.

Une nouvelle caste de ploucs prédateurs assumant fièrement la nouvelle idéologie nomade chère à Jacques Attali. Idéologie faite d'inégalités sociales masquées par un antiracisme métisseur ; soit, en réalité, l'apologie d'un monde désormais fondé sur le capitalisme purement spéculatif, donc le refus de tout ce qui prend sens dans la durée : cultures enracinées et perspectives historiques...

NOMADISME DU HAUT, NOMADISME DU BAS

Un nomadisme du haut, constitué d'une poignée de prédateurs cosmopolites désormais partout chez eux par la sainte loi du fric, et cachant par la fascination du « bling-bling » – mise en place par les nouveaux médias people, style *Voici*, *Closer* ou *50 minutes Inside*... – le nouveau nomadisme du bas :

Ce salariat précaire généralisé soumis à l'intérim et au CDD, désormais non seulement corvéable dans le temps par la flexibilité et l'annualisation, mais aussi dans l'espace par les délocalisations de droite et le « sans papiérisme » de gauche...

FIN DE PARTIE POUR LES COLS BLANCS

Ainsi, après avoir servi à diviser les salariés, les cols blancs, flattés dans les années 1970 par le standing pour petit cadre alors qu'on liquidait les acquis des cols bleus (fin de la politique sociale des

Trente Glorieuses, désindustrialisation…) se retrouvent à leur tour prolétarisés et déclassés face aux nouveaux standards inatteignables de l'hyperclasse et ses coins VIP.

Nouveaux précaires du tertiaire qui n'ont plus le choix désormais que de travailler plus pour gagner moins : jouer le jeu du système mondialiste pour des miettes, ou subir la relégation et rejoindre tous ces ploucs sédentaires en survie qui n'ont pas les moyens, eux, de regarder l'humanité souffrante comme un joli spectacle vu d'avion…

DE LA NOUVELLE CLASSE À LA SOUS-CLASSE

Ceux qui s'en sortent le moins mal étant les animateurs-journalistes (style Frédéric Beigbeider), les créateurs de nouveaux services (ambianceur DJ style Ariel Wizman) et autres communiquants.

Cette « nouvelle classe » de petits chefs chargés, pour des revenus décents, de vendre à tous le rêve de l'hyperclasse nomade et métisseuse, et de cacher la paupérisation générale par de la gaudriole branchée, style « culture Canal ».

Une nouvelle classe de bobos collabos, bien dans la tradition « avant-garde, chien de garde », (lucide citation du Mai 68 situationniste) dont les tenants de l'hyperclasse manipulent la jeunesse, la bêtise et le rêve de cooptation, pour les presser comme des citrons ; avant que leur obsolescence inévitable ne les fasse passer de jeunes cons branchés à vieux cons ringardisés (style Thierry Ardisson), à leur tour bons pour la sous-classe et la relégation…

SEULE SOLIDARITÉ DE CLASSE :
LA CONNIVENCE DES PARASITES

Une ambiance de jungle, dénuée de toute solidarité, si ce n'est cette solidarité implicite des parasites.

Les rentiers du haut (l'hyperclasse au pouvoir) finançant les rentiers du bas (la sous-classe des chômeurs et des précaires vivant des aides sociales), sur le dos de la classe moyenne productive, la plus ponctionnée par l'État.

Une nouvelle solidarité de classe transversale inédite – non sue et non dite – initiée par la «deuxième gauche» de Michel Rocard dès 1988, où la colère de l'exploité, sans qu'il n'en coûte rien à l'exploiteur, est transformée en alcoolisme, grâce au RMI puis au RSA payés par le monde du travail…

CONCLUSION : LIQUIDER LA CLASSE MOYENNE

Un monde régi par la dérive du Capital nomade, dont la constante, quelles que soient les manipulations du monde salarial et ses collaborations, aura été, tout du long – outre la maximisation du profit – de liquider la classe moyenne, par définition indépendante et rétive au pouvoir.

Isoler la classe moyenne d'abord, par la propagande des agitateurs socialistes cosmopolites, en l'amalgamant idéologiquement à la grande bourgeoisie, afin de la jeter à la vindicte de la classe ouvrière avec qui pourtant, depuis la Commune, elle constitue le peuple ; et notamment le peuple du travail.

Remplacer la classe moyenne ensuite, à coup d'absorptions-acquisitions imposées par l'économie d'échelle, par les couches moyennes salariées ; soit les petits patrons indépendants par les cadres dociles.

Liquider la classe moyenne enfin purement et simplement, en se servant notamment de la crise financière orchestrée par la Banque, pour lui couper, face à une surfiscalisation imposée par l'État complice, le crédit-relais nécessaire à son fonctionnement.

Cette destruction finale de la classe moyenne – productive, lucide et enracinée – correspondant au projet impérial de liquidation de toute insoumission au Capital, par essence apatride, pour que rien ne subsiste enfin de liberté, de conscience et d'indépendance entre le pouvoir impérial de la Banque et la masse salariée…

5.
DÉMOCRATIE DE MARCHÉ ET D'OPINION

Le travail du journaliste consiste à détruire la vérité, à mentir sans réserve, à pervertir les faits, à avilir, à ramper aux pieds de Mammon et à vendre son pays et sa race pour gagner son pain quotidien ou ce qui revient au même, son salaire. Vous le savez comme je le sais, alors qui peut parler de presse indépendante? Nous sommes les pantins et les vassaux des hommes riches qui se cachent derrière la scène. Ils tirent les ficelles et nous dansons. Notre temps, nos talents, nos possibilités et nos vies sont la propriété de ces hommes. Nous sommes des prostituées intellectuelles.

John Swinton, journaliste, à propos de la
liberté de la presse, lors de son discours
d'adieu au *New York Times*

Nous sommes reconnaissants au Washington Post, *au* New York Times, *au magazine* Time, *et aux autres grandes publications dont les directeurs ont assisté à nos réunions et respecté leurs promesses de discrétion depuis presque quarante ans. Il aurait été pour nous impossible de développer notre projet pour le monde si nous avions été exposés aux lumières de la publicité durant ces années. Mais le monde est aujourd'hui plus sophistiqué et préparé à l'entrée dans un gouvernement mondial. La souveraineté suprananationale d'une élite intellectuelle et de banquiers mondiaux est assurément préférable à l'autodétermination nationale des siècles passés.*

David Rockefeller,
Commission Trilatérale, 1991

RAPPEL: LA DÉMOCRATIE MODERNE N'A PAS GRAND CHOSE À VOIR AVEC LA GRÈCE ANTIQUE

S'il est de bon ton, chez nos démocrates et républicains bedonnants, de se référer à la Grèce pour décrire le régime, rappelons déjà que notre société de bourgeois francs-maçons n'a pas grand chose à voir avec l'Athènes antique.

D'une population totale de 300 000 âmes pour seulement 40 000 citoyens par le droit du sang patrilinéaire, l'État-cité grec tant vanté (celui du Ve siècle av. J.-C.) était une oligarchie de propriétaires terriens formés au maniement des armes; soit 40 000 hoplites mâles entourés de 40 000 métèques (immigrés sans droits) servis par 110 000 esclaves.

Un système militaire, agricole et toujours religieux (puisque la Cité, d'origine divine, revêtait un caractère sacré) plus proche du principe aristocratique traditionnel: noblesse d'Ancien régime, clan écossais ou brahmanisme hindou, que de la démocratie moderne.

Démocratie moderne où la Banque, la technique et les «droits de l'homme» gèrent des masses de millions de salariés consommateurs, soumis à la levée en masse en échange du droit de vote, dans un système bipartite d'auto-alternance parfaitement illusoire…

LA DÉMOCRATIE MODERNE, FILLE DE LA BOURGEOISIE

Historiquement, l'avènement de la démocratie moderne coïncide avec la prise de pouvoir de la bourgeoisie sur l'aristocratie d'Ancien régime ; soit, avec la prise du pouvoir de l'argent, du matérialisme et de l'individu sur la lignée et la terre dans un monde régi par Dieu.

Une prise de pouvoir de l'argent accomplie devant le peuple avec son relatif acquiescement, au nom de la belle idée d'égalité, et ce grâce à l'idéalisme – pour ne pas dire la naïveté – des grandes figures politiques, telles Robespierre et Saint Just, elles authentiquement égalitaires, mais chaque fois sacrifiées sur l'autel de l'argent qui les manipula…

LA COURSE INFINIE À L'INTROUVABLE ÉGALITE RÉÉLLE

Une égalité formelle, celle du droit positif, offerte comme un progrès au peuple, face à la société théocratique et aristocratique inégalitaire qui la précédait, qui ne conduit jamais à l'égalité réelle, bien au contraire.

Mais qui fait de la démocratie, à y regarder de plus près, le régime politique le plus à même de permettre la domination de l'argent (par le commerce puis le prêt à intérêt) notamment sur les autres pouvoirs : noblesse d'épée et ordres sacerdotaux qui tenaient ce pouvoir de l'argent précédemment en respect...

DÉMOCRATIE MODERNE = DÉMOCRATIE PARLEMENTAIRE ET DE MARCHÉ

La démocratie, règne de l'égalité formelle du droit, est donc depuis plus de deux siècles qu'elle s'est imposée à l'Occident, que ce soit par la Révolution française ou les monarchies constitutionnelles, sur le modèle alternatif anglais, qui revient au même, toujours à la fois : démocratie parlementaire et démocratie de marché.

– Démocratie parlementaire où une assemblée de professionnels de la politique, formés et encadrés par la maçonnerie, stipendiés ou tenus en respect par l'Argent, joue devant le peuple le spectacle du débat démocratique.

– Démocratie de marché, soit le régime laissant le maximum de liberté, via le droit positif, au Capital ; ce qui revient, de fait et rapidement, à lui donner les pleins pouvoirs...

LA QUESTION DÉCISIVE DE L'OPINION PUBLIQUE EN RÉGIME DÉMOCRATIQUE

Dès lors, la seule question à régler pour cette démocratie d'argent est de maintenir le peuple – pris comme alibi et arbitre, via le droit de vote, conséquence de l'égalité citoyenne – dans l'illusion, malgré une égalité qui ne vient jamais et une liberté réduite à celle de consommer, que ce régime de l'inégalité par l'argent et de l'injonction par l'idéologie marchande est, comparé aux autres, anciens (monarchie théocratique), ou alternatifs (communisme, fascisme), le moins pire car le moins inégalitaire et le plus «libéral» de tous…

D'OÙ L'OBLIGATION DE CERTAINS INVESTISSEMENTS MOINS RENTABLES : NEW DEAL, FRONT POPULAIRE, TRENTE GLORIEUSES

Que le peuple continue à croire en la démocratie et à se soumettre ainsi à l'infime minorité illégitime (au regard des principes) et spoliatrice (au regard des méthodes) des maîtres de l'argent est donc la clef du pouvoir, vitale pour le pouvoir ; que le peuple cesse d'y croire en effet et c'est la révolution.

Et vu l'ampleur du mensonge démocratique précédemment décrit, une révolution qui ne signifie pas seulement, pour les élites de l'argent, la perte du pouvoir – soit la perte des moyens de faire encore plus d'argent avec l'argent déjà accumulé – mais par leur mise à mort physique, la perte de la vie tout court !

De ce point de vue fondamental, le pouvoir est plus important que l'argent ; l'argent n'étant plus, à un certain niveau de richesse et d'accumulation parfaitement abstraits, que le moyen du pouvoir.

Ainsi, conscient de ce danger, le pouvoir de l'Argent sait, à certains moments et à certains endroits, sacrifier en partie l'argent pour maintenir et pérenniser sa domination.

Citons, à titre d'exemples, parmi ces investissements moins rentables, mais nécessaires :

Les moments de relative redistribution de la richesse captée, tel que le New Deal, le Front populaire où la social-démocratie des Trente Glorieuses issue du CNR (Conseil national de la Résistance, sur lequel nous reviendrons au chapitre suivant) et du plan Marshall.

Autant de moments où le pouvoir de l'argent ayant senti le vent du boulet de la légitime colère populaire, suite au chômage de masse provoqué par la spéculation (Grande dépression aux USA, février 1934 en France, national-socialisme allemand…) sait momentanément lâcher du lest et redistribuer pour ne pas tout perdre…

L'OBLIGATION AUSSI D'INVESTISSEMENTS À PERTE : LA PRESSE ÉCRITE

Une colère populaire jugulée en temps normal par l'enrobage et les mensonges de la presse écrite.

L'apparence de sérieux du commentaire écrit – issue du prestige des clercs remontant lui-même à la fonction du scribe aux débuts des temps historiques – donnant l'illusion, malgré les aléas et les vicissitudes : complexité du monde, conflits psychologiques… d'une gestion scientifique par des élites raisonnables et légitimes.

Le meilleur exemple récent de ce nécessaire investissement à perte étant le rachat, par Édouard de Rothschild, du pourtant ultra déficitaire journal de pseudo gauche *Libération* (avec des banques renonçant à leurs créances quand même, collusions obligent) afin de continuer, en temps de crise aggravée, à enculer les cons de gauche.

Les cons de droite étant, dans le même temps, pris en charge par Serge Dassault, via la prise de contrôle du *Figaro*…

LA DÉMOCRATIE, SOIT LA DOMINATION
PAR LA SÉDUCTION

Un travail de manipulation (presse) et de plasticité (changements momentanés de politique, accommodements à minima) qui permet de différencier le régime démocratique des régimes autoritaires : monarchie théocratique, société de castes, communisme, fascisme… qui lui sont opposés ; et de qualifier la démocratie de régime de domination par la séduction.

Régime de « tentation, de corruption, d'invitation au péché, à l'acte de faiblesse et autre détournement du droit chemin », soit la séduction au sens diabolique du terme…

SUPÉRIORITÉ DE LA DÉMOCRATIE
SUR LES RÉGIMES AUTORITAIRES

À la différence des régimes fondés sur l'autorité précédemment cités (monarchie théocratique, société de castes, communisme, fascisme) et qui exigent de subjuguer, par la foi ancienne ou moderne (religion, révolution) la totalité du corps social (fidèles sujets, camarades), le mensonge démocratique peut se contenter, via le suffrage majoritaire, de séduire mollement juste plus d'un électeur sur deux.

Un mode de domination qui s'avère donc d'un bien meilleur rapport que le pouvoir par l'autorité pure – aristocratie et caste sacerdotale dans la tradition, parti unique dans la modernité – et qui explique en partie, dans un monde régi par l'économie, la domination actuelle de ce régime sur tous ses autres concurrents moins rentables…

LA DÉMOCRATIE D'OPINION : DE LA QUÊTE DE VÉRITÉ ET DE SENS À LA FABRICATION DU CONSENTEMENT MAJORITAIRE

Un constat d'efficacité pratique, sur le plan de la domination, qui exige pour continuer à faire croire au peuple que la démocratie – qui est le pouvoir du Marché, soit en dernier ressort celui de la Banque – c'est le pouvoir du peuple, la fabrication industrielle d'un consentement appelé : « démocratie d'opinion ».

Et la démocratie ayant mis l'Ancien régime à bas, au départ, par l'alliance discrète de l'argent et de la Raison, tout le travail consiste dès lors à ramener la Raison à la raison du pouvoir de l'Argent…

LA MISE AU PAS DES CLERCS

Un travail de manipulation, de sujétion et de soumission dirigé en premier lieu envers ces hommes de raison – prêtres de la démocratie – qu'on appelle les clercs : moralistes, hommes de lettres, intellectuels, artistes…

D'ABORD JOUER LE CLERC
CONTRE LE PRÊTRE (HISTORIQUE)

Comme nous l'avons vu, la Raison, nécessaire au processus révolutionnaire, a été d'abord la victoire des clercs sur les prêtres ; soit la victoire de «l'idéologie des Lumières», pilier de la démocratie, sur la révélation chrétienne, fondement de l'Ancien régime.

Une prise du pouvoir qui, bien avant la séduction du peuple finalement peu impliqué se fit, comme nous le décrit Georges Sorel dans *Les Illusions du Progrès*, par la séduction de l'aristocratie de salon. Le jeu de la rhétorique humaniste, recourant au logos grec, étant bien plus attrayant, divertissant pour l'homme d'esprit oisif qu'était devenu l'aristocrate, que l'obscure scolastique ; et ce malgré la tentative de modernisation aristotélicienne opérée par Saint Thomas d'Aquin.

Une séduction qui n'aurait pas été possible sans le lent déclin de la noblesse d'épée au profit de la noblesse de robe (dont le facteur déclenchant et irréversible fut l'Édit de la Paulette, soit la vénalité des charges) et, comme l'avait parfaitement identifié Léon Bloy, sans la destruction concomitante du catholicisme du Moyen Âge, au profit d'un catholicisme sécularisé creusant peu à peu son tombeau et celui du monde ancien…

DE L'INTÉRÊT DE CLASSE DU CLERC BOURGEOIS

Mais une fois l'Ancien régime, sa noblesse terrienne et ses prêtres tombés, le pouvoir de l'argent (commerce, industrie, puis banque) qui se cachait derrière la Révolution, devra mettre à son tour ses nouveaux « prêtres de l'égalitarisme démocratique » au pas ; les ramener à la raison de l'inégalité.

Une mise au pas qui se fera le plus souvent naturellement, du fait de l'origine de classe la plus fréquente du clerc : la petite ou moyenne bourgeoisie. La soumission à l'ordre bourgeois correspondant pour lui, sur le plan pécuniaire et mondain, à une confortable cooptation.

Cooptation mondaine, pour peu que sa critique glisse peu à peu de la revendication de l'égalité réelle à l'apologie de l'égalité formelle (appelée aujourd'hui « équité ») ; ce qui revient dans les faits à ratifier l'ordre libéral bourgeois fondé non sur le bien, mais sur le droit…

JOUER LE CLERC COSMOPOLITE CONTRE LE CLERC ENRACINÉ (RAPPEL)

Le clerc bourgeois ramené au bercail, il restera ensuite au pouvoir pour contrer l'action du clerc resté du côté du peuple, par conviction ou origine de classe, tel que Pierre-Joseph Proudhon ou Georges Sorel, à jouer contre lui, comme nous l'avons vu au chapitre précédent, cet autre clerc qu'est le clerc cosmopolite, tel que Karl Marx puis Eduard Bernstein.

Le clerc cosmopolite présentant le grand intérêt pour le pouvoir de la Banque – par essence apatride et antination – d'être lui aussi mondialiste ; soit tout autant antipopulaire et antipatriote mais par internationalisme…

LE XXᴱ SIÈCLE, SIECLE DE LA PROPAGANDE

Un siècle d'un travail de manipulation, de sujétion et de soumission qui va réduire peu à peu le clerc, de critique du pouvoir et combattant de l'égalité des débuts (Robespierre, Saint Just), à relais de la domination occulte des réseaux antidémocratiques, qu'ils soient ceux du Marché, avec Adolphe Thiers, ou du communautarisme avec Alain Finkielkraut.

Un processus de dégradation qui produira, après la Première Guerre mondiale, cette nouvelle activité au service du pouvoir appelée : Propagande…

JOSEPH GOEBBELS (1897-1945) IMITATEUR DE WILLY MÜNZENBERG ET EDWARD BERNAYS

«Plus c'est gros plus ça marche», cette célèbre citation faussement attribuée à Joseph Goebbels par la propagande de masse occidentale – sans doute pour nous faire croire que tout le mal moderne provient du nazisme – est en réalité d'Edward Bernays.

Edward Bernays qui, avec Willy Münzenberg, est le co-inventeur de ce système de domination des masses par la manipulation médiatique appelé «propagande». Une «industrie du consentement» mise au service du capitalisme américain pour l'un, de l'internationale communiste pour l'autre dès les années 1920, et dont Joseph Goebbels ne sera que l'imitateur dans les années 1930…

WILLY MUNZENBERG (1889-1940) OU DE
L'IMPORTANCE DU RÉSEAU MÉDIATIQUE

Militant communiste allemand arrivé à Zurich en 1910 à l'âge de 21 ans, Willy Münzenberg, juif ashkénaze extrêmement doué pour l'agitation et l'organisation, est le premier à avoir créé un véritable réseau médiatique afin de former l'opinion.

Très impliqué dès le début dans le projet de révolution bolchévique (c'est lui qui accompagnera le camarade Lénine, futur maître de l'URSS, de la gare centrale de Zurich à la gare de Finlande à Saint-Pétersbourg dans un train plombé avec l'aide des autorités allemandes), il développera ensuite une intense activité politique en Allemagne. Élu député communiste au Reichstag, il fera aussi fortune en édifiant un vaste empire médiatique, appelé «Trust Münzenberg», constitué de deux quotidiens de masse, du plus grand hebdomadaire illustré ouvrier: l'*Arbeiter Illustrierte Zeitung*, sans compter des intérêts touchant à l'image et au cinéma dans le monde entier. Des moyens considérables, tout entiers mis au service de l'Internationale communiste, qu'il complétera par un vaste réseau de faiseurs d'opinion: intellectuels, personnalités littéraires, vedettes et experts en tout genre, contrôlés habilement par l'argent et les honneurs.

Grand façonneur de l'opinion de gauche mondiale des années 1920-1930, son plus beau coup est sans doute d'être parvenu à cacher, par de subtils montages et autres manipulations, le rôle joué notamment par l'Amérique capitaliste dans l'édification du premier État communiste.

Une URSS avec laquelle il prendra finalement ses

distances, comme beaucoup d'internationalistes juifs, au moment des procès de Moscou ; procès de Moscou orchestrés par Joseph Staline pour purger, notamment, à partir de 1936, les juifs omniprésents dans l'appareil d'État soviétique.

Parvenant néanmoins à maintenir son Empire au milieu des tempêtes politiques et à fuir l'Allemagne lors de la prise du pouvoir de Hitler, il continuera son intense activité depuis la France, notamment par la publication du *Livre brun* sur les méfaits du nazisme, largement diffusé à l'Ouest.

Inlassable combattant « antifasciste » (terme qui depuis 1936 désigne donc aussi les staliniens, soit l'URSS), on le retrouvera finalement pendu à un arbre le 22 octobre 1940 à Saint-Marcellin dans l'Isère. La raison exacte de son décès : suicide ou assassinat, par la Gestapo ou le Guépéou, restant encore aujourd'hui un mystère…

EDWARD BERNAYS (1891-1995) OU DE L'IMPORTANCE DES CAMPAGNES MÉDIATIQUES

Complémentaire de la stratégie du réseau (médias plus agents de propagande), celle d'Edward Bernays, autre aventurier, mais opérant lui pour l'Amérique capitaliste, insiste sur le rôle tout aussi déterminant des « campagnes médiatiques ».

Né à Vienne (Autriche) en 1891, neveu de Freud et juif ashkénaze lui aussi, Edward Bernays émigre aux États-Unis en 1892 où son père le pousse d'abord à lui succéder en tant que marchand de grains. Devenu en 1928 l'auteur célèbre de l'ouvrage *Propaganda* où il définit cyniquement la démocratie comme « *la manipulation des masses par cet organe exécutif du gouvernement invisible qu'est la propagande; soit ce processus de modelage des opinions pour les intérêts d'une certaine élite»*, il est considéré comme le père de la propagande politique institutionnelle, appelée par ses soins et par euphémisme : «relations publiques».

Vulgarisateur de l'œuvre de Sigmund Freud aux USA, ce fervent adepte de «la psychologie des profondeurs» peut revendiquer, entre autres faits d'armes : la campagne de manipulation dite «Commission Creel» qui, en 1917, poussera le peuple américain dans la Première Guerre mondiale, et celle qui, manipulant l'imbécillité féministe, soumettra, sous le nom de «torches de la liberté», les femmes américaines au marché de la cigarette et au cancer du fumeur.

Ajoutons enfin que, contrairement aux deux autres, Münzenberg et Goebbels, ce grand démocrate mourra dans son lit en 1995 sans avoir jamais été inquiété, à près de cent ans, dans le Massachusetts…

DE LA PRESSE AUX MÉDIAS

Une manipulation méthodique de l'opinion publique, via les médias de masse, dont nos intellectuels français ne prendront pleinement conscience qu'à l'orée des années 1960. Date à laquelle les derniers journaux indépendants et de qualités – comme *Le Monde* période Beuve-Méry – achèveront d'être liquidés et remplacés chez nous, sous la pression de l'oligarchie financière, par la presse de divertissement : principalement presse pour jeunes et presse féminine…

Il est important de remarquer enfin qu'à l'instar des deux maîtres de Joseph Goebbels : Willy Münzenberg et Edward Bernays, les agents de propagande, précédemment répartis dans les deux camps du progressisme : communisme et libéralisme, fusionneront sous la même bannière « antifasciste » à partir de l'élimination de Léon Trotski (20 août 1940).

Un antifascisme associant désormais, dans un même mal totalitaire nazisme et communisme, rebaptisé pour l'occasion « stalinisme ».

Un ralliement général au mondialisme marchand opéré, pour les derniers, à la faveur des évènements de 1968, sous l'appellation « néo-conservatrice » aux États-Unis et en France « libéral-libertaire ».

Un vaste réseau réunifié de professionnels de la propagande et de la manipulation de masse, désormais intégralement au service du camp libéral, atlantiste et sioniste, incarné chez nous par les Cohn-Bendit, Glucksmann, BHL, Kouchner, Adler, Attali et autres Alain Minc... tous ennemis déclarés du peuple, qualifié de « populiste », et de la nation considérée comme intrinsèquement « fasciste et réactionnaire ».

Un positionnement en contradiction totale avec les fondamentaux du progressisme forgés, par la Révolution française, sur le peuple et sur la Nation...

COLLABOS ET IDIOTS UTILES

Une élite de manipulateurs stipendiés, suivie, via la propagande médiatique étendue à l'Université, par une horde d'auxiliaires bénévoles principalement puisés au vivier du gauchisme adolescent (LCR puis NPA, CNT…), des idéalistes livresques (profs de gauche) et de «l'antifascisme» sous contrôle policier via les Renseignements Généraux (Ras l'Front, Reflexes…).

Autant d'idiots utiles et d'exécutants de bonne foi chargés des basses besognes (manifestations de rue, cassage de gueules…), principalement dirigées contre les vrais résistants au système (Ultra-gauche, Troisième voie…) selon la vieille méthode du «diviser pour régner».

Une main-d'œuvre certes inculte et stupide, mais gratuite et pléthorique, sans laquelle le système ne pourrait pas fonctionner. D'où l'attention particulière portée par les cadres de la propagande rémunérée à sa formation et à son renouvellement : abrutissement des étudiants par le gauchisme dans les années 1970 via la LCR d'Alain Krivine ; décervelage des jeunes par l'antiracisme via «Touche pas à mon pote», piloté par Julien Dray à partir des années 1980…

LE PLANCHER DE VERRE

Ainsi, quelle que soit la composition de la base : adolescents incultes, indécrottables naïfs cyniquement manipulés, on peut considérer qu'à un certain niveau hiérarchique : rédacteur en chef, président d'association, recteur d'Université, leader syndical ou politique, mais aussi faux écrivain à succès ou journaliste animateur vedette… il n'y a plus que des «initiés».

Des complices par lâcheté, intérêt ou conviction (il existe aussi des salauds de bonne foi) de ce système de domination par le mensonge et la manipulation.

Un vaste réseau de prostitution morale et intellectuelle fondé sur la connivence et la cooptation – qualifié dans les années 1970 par le sociologue marxiste Michel Clouscard de «réseau culturo-mondain» – où l'abandon de l'idée du vrai et du bien par le clerc déchu est compensé par l'éternelle triplette de l'argent, des honneurs et du cul...

SE CHOISIR LE PLUS MAUVAIS ADVERSAIRE

Mais le clerc intègre, outre sa stature morale, étant souvent d'un niveau intellectuel supérieur – les plus prompts à faillir étant toujours les plus médiocres – le réseau culturo-mondain de propagande et de soumission a aussi pour habitude, chaque fois qu'il le peut, de choisir ses contradicteurs parmi les plus faiblards.

Soit en puisant directement dans son propre camp, comme avec le faux opposant Olivier Besancenot.

Soit en allant chercher pour contradicteur le débile extrémiste qui, en le caricaturant, disqualifiera l'opposant absent; une technique actuellement très utilisée avec les musulmans...

DIABOLISER ET MARGINALISER

Promotion d'un côté, persécution de l'autre... Une fois interdit de parole, l'insoumis sera aussi copieusement diffamé par l'orchestration de campagnes médiatique où le clerc, devenu épurateur, achèvera de le marginaliser. Un boulot de délateur et d'inquisiteur dont Didier Daeninckx – surnommé « Didier Dénonce » pour son zèle incomparable – et son site *amnistia.net* se sont fait une spécialité.

La sentence – équivalant à l'excommunication du temps du pouvoir de la papauté – étant toujours la même : « Fasciste, nazi, antisémite ! », soit la fameuse *réductio ad hitlerum* ; l'insoumis fut-il comique, métisse africain et combattant antiraciste comme Dieudonné…

POUSSER À LA RADICALISATION

Un harcèlement méthodique consistant à pousser littéralement le clerc resté libre et intègre à craquer psychologiquement ; par exemple en le traitant d'antisémite, même s'il est marxiste et juif comme Edgar Morin, en espérant qu'il le devienne…

Réf "Sandrine" / Dieudonné

TAPER AU PORTE-MONNAIE PAR LA JUDICIARISATION : LE RÉTABLISSEMENT DU DÉLIT D'OPINION

Diffamé sans pouvoir répondre, déshonoré et marginalisé, le clerc insoumis sera enfin ruiné par divers procès où des parties civiles, décrétées « d'utilité publique » par le pouvoir qu'elles exercent sur la République, prélèveront chacune la livre de chair.

Autant de condamnations pécuniaires pour « incitation à la haine » obtenues au nom de la défense des minorités par les fameuses associations «antiracis-, tes»: Ligue des droits de l'homme, LICRA, MRAP... et autres officines communautaires (voir chap. 2 sur les minorités agissantes) qui, à coup de loi Pleven (1er juillet 1972) et autre loi Gayssot (13 juillet 1990) soutirées à la lâcheté républicaine, sont parvenues à rétablir en France le délit d'opinion...

LA VIOLENCE PHYSIQUE, TOUJOURS EN DERNIÈRE INSTANCE

Ainsi, dans notre démocratie fondée sur le pouvoir de l'argent et la propagande médiatique, les persécutions d'opposants conduisant à la mort sociale passent-elles logiquement par ces deux armes typiquement démocratiques: disgrâce publique et ruine économique.

La persécution physique, que ce soit le cassage de gueule par des milices communautaires couvertes par l'État ou l'élimination pure et simple (mort suspecte d'un Coluche ou d'un Bérégovoy) intervenant toujours en dernière instance.

Une soumission par la séduction ou la précarisation qui différencie, là aussi, la démocratie des régimes ouvertement autoritaires (communistes, fascistes) qualifiés pour cette raison, de «totalitaires»...

RAPPEL DE PRINCIPE: LE CAPITAINE DREYFUS, FORCÉMENT INNOCENT

Rappelons enfin qu'avant que la propagande ne devienne un métier, la première campagne où le pouvoir de l'opinion et le pouvoir de l'argent se trouvèrent alliés pour réduire un adversaire, fut l'affaire Dreyfus au tournant du XXᵉ siècle (1894-1906).

Une affaire banale transformée en opération de masse par le battage médiatique, avec pour la première fois réunis l'intellectuel mondain et mégalomane : Zola et son ronflant *J'accuse*, et le carriériste politique appuyé par la finance : Clémenceau et le journal *L'Aurore*.

Quant à l'inutile débat sur l'innocence ou la culpabilité du petit capitaine-alibi, il fallait forcément que Dreyfus fût innocent pour qu'il y ait « affaire » ; puisque si Dreyfus avait été juif et coupable, le monde n'en aurait pas plus entendu parler que s'il avait été innocent, mais breton.

Une petite affaire d'espionnage transformée en symbole, où le fort – le tandem argent-média – se fait passer pour le faible – l'aristocratie catholique réfugiée dans l'armée française – qui mènera le débat intellectuel et moral sur la pente fatale de la pétitionnite sartrienne, incarnée aujourd'hui dans tout son grotesque par Bernard-Henri Lévy et ses grossiers montages pro-israéliens, type affaire Redeker ou affaire Sakineh…

DES MÉDIAS AU SPECTACLE OU
LA FIN DES CLERCS (LA DICTATURE DU
POLITIQUEMENT CORRECT)

Un lent travail de sujétion, de persécution et de décervelage œuvrant comme une centrifugeuse ; ce qui fait qu'aujourd'hui ne reste plus en place – outre les kapos – que les collabos, les soumis et les cons, pour un niveau intellectuel et critique fatalement terriblement bas.

Ainsi est-on passé, à l'intérieur même du réseau médiatique, de déchus cultivés un brin talentueux – sur le modèle de Dominique Jamet – à de purs tapins abrutis et incultes, genre chroniqueurs à Canal + ; de «la trahison des clercs», que déplorait déjà Julien Benda, mais formés à la pensée critique, à «l'abrutissement des clercs» formatés à la chaine, avec Normale Sup remplacé par Sciences Po, le discours habile de la «deuxième gauche» par la grosse ficelle de la «menace terroriste» et la démocratie américaine comme horizon indépassable de notre temps.

Une baisse générale du niveau, d'André Gide à Ariel Wizman, obligeant bientôt le système à compenser la disparition du «maître à penser» qui, de Voltaire à Sartre, avait guidé l'Occident durant deux siècles, par un transfert du fond manquant vers la forme; du sens vers le «spectacle». D'où l'importance croissante – notamment à partir du *Libération* deuxième époque (13 mai 1981) tout entier dans sa maquette – du support et du visuel; le style *Libé* (jeu de mots systématique) ou l'esprit *Canal* (gaudriole et dérision jeuniste) remplaçant dorénavant le penseur et sa «vision du monde».

Le souci étant dorénavant – le médium devenant le message, selon la célèbre formule de Marshall McLuhan – de maintenir suffisamment de différence de style, malgré un fond idéologique unanimement libéral: entre *Le Figaro* et *Libé*, le PS et l'UMP, comme on est dans la mode plutôt jupe ou pantalon, afin d'éviter le danger d'une trop visible démocratie à parti unique, fondée sur la dictature du Marché et du politiquement correct...

DU TANDEM CLERC-CITOYEN AU TANDEM
ANIMATEUR-CONSOMMATEUR

Une disparition du clerc au profit de l'animateur suivie fatalement d'un abaissement du citoyen en consommateur.

Le rôle de ce nouveau clerc-animateur étant désormais de détruire un à un les attributs de la Raison – promus et véhiculés par son prédécesseur des Lumières – afin d'annihiler tout «esprit» de résistance ; non seulement par la falsification de l'information, mais aussi par la destruction, au sein même du sujet, de sa capacité critique.

Une destruction en douce, par le Spectacle, de cette Raison qui, en aidant à l'émancipation de l'ancien sujet devenu citoyen, avait été utile au triomphe de l'idée démocratique contre les forces de la foi ; mais désormais considérée par le Marché comme néfaste à la domination du Marché...

LE DÉSIR CONTRE LA VOLONTÉ

Ainsi, la morale de l'espoir et de la volonté prométhéenne, jadis opposée à la soumission au *fatum* chrétien, sera-t-elle remplacée par le désir ; soit le laisser-aller à ses pulsions.

Une «idéologie du désir» présentée comme nouveau progressisme de la liberté par le Marché, mais aussi par la stupidité gauchiste via son apologie du spontanéisme. Autant de pulsions désirantes que l'animateur, via la promotion de l'objet culturel, a désormais pour charge de convertir en actes d'achat, notamment par le marché du livre et du cinéma d'auteur…

L'ÉMOTION CONTRE LE SENS

La volonté raisonnable annihilée par la soumission au désir, le travail de l'animateur consistera ensuite à détruire ce second pilier de la Raison qu'est le logos – la logique aristotélicienne mise au service du sens – par un recours systématique à l'émotion.

Une empathie affective immédiate – intrinsèquement favorisée par le médium audiovisuel – et systématiquement sollicitée par l'animateur contre le jugement moral résultant de la réflexion…

LA DESTRUCTION DE LA TRANSMISSION

Une destruction du sens moral par le désir et l'émotion qui est aussi rupture de la chaine causale ; soit la destruction du raisonnement au profit du slogan («la femme est avenir de l'homme», «la Shoah est le crime des crimes»…) et, à terme, de toute possibilité de médiation et de transmission.

Destruction du sens, mais aussi du respect par la rupture de la chaîne des générations : jeunisme, tyrannie débilitante de l'immédiateté et autre psychologisme féminin menant à l'hystérie du moi, à la solitude et à la dépression.

Une solitude et une dépression converties en outre par le Marché en consommation compulsive d'objets transitionnels, notamment par la mode…

LA DESTRUCTION DU LOGOS ET DE LA COMPASSION, SOIT LA FIN DU MONDE HÉLLÉNO-CHRÉTIEN

Une destruction par les maîtres et les serviteurs du Marché du logos grec et de la compassion chrétienne, par l'immédiateté émotionnelle et l'égoïsme de la pulsion, qui est aussi la destruction de cette capacité critique et morale à la base de notre culture occidentale.

Logos grec et compassion chrétienne qui sont aussi les fondements historiques, moraux et épistémologiques de l'humanisme européen d'où naquirent la promesse et l'épopée démocratique…

CONCLUSION : LA DÉMOCRATIE DE MARCHÉ ET D'OPINION, CONTRAIRE DE LA DÉMOCRATIE

Une destruction de la Foi (la royauté catholique) par la Raison (l'humanisme démocratique) puis de la Raison par l'Argent (l'oligarchie bancaire) qui fait de notre actuelle démocratie de Marché et d'opinion le contraire même de la démocratie.

Un pouvoir sans partage par le mensonge, la corruption et l'abrutissement, d'une oligarchie d'argent, mue par l'*hybris* de la domination, menant tout droit le monde à sa destruction par le chaos social en Occident, la misère au Sud et partout la guerre…

LA DÉMOCRATIE OU
LA FAUSSE SÉPARATION DES POUVOIRS

Soucieux de ces possibles dérives, les principaux théoriciens de la démocratie moderne, Locke et Montesquieu, pensaient avoir trouvé la clef de la solidité démocratique dans la « séparation des pouvoirs ».

Une séparation des pouvoirs législatif, exécutif et judiciaire (parlement, gouvernement et juges) dont l'histoire de la démocratie elle-même a démontré qu'elle n'empêche en rien leur collusion par les réseaux et leur soumission au pouvoir de l'argent…

L'ALTERNATIVE DE LA TRADITION

Une domination sans partage qui nous oblige à tenir compte de cette autre préconisation issue, elle, de la Tradition au sens où l'entendait René Guénon dans *La Crise du monde moderne*.

Soit la subordination de ce matérialisme commerçant par le pouvoir transcendant d'une caste héréditaire, à la fois religieuse et militaire.

Un pouvoir de l'argent qui n'est plus tenu en respect – comme le note Julius Evola dans *Révolte contre le monde moderne* – dès lors que la caste sacerdotale se dissocie du pouvoir royal pour entrer en rivalité avec lui. Un dédoublement du pouvoir sacré, précédemment unitaire, provoquant un affaiblissement réciproque des *oratores* (clergé) et des *bellatores* (aristocratie) et la montée inéluctable, via la branche commerçante des *laboratores,* du pouvoir des banquiers.

Une défaite du pouvoir de la force sacrée face au pouvoir matérialiste marchand, entamée dans l'Europe chrétienne dès le dédoublement du pouvoir royal et pontifical. Rivalité du pape et du roi qui marqua la fin de l'unité et de la permanence du pouvoir impérial traditionnel pour entrer dans l'ère chaotique de la modernité…

EMPIRE SACRÉ CONTRE EMPIRE PROFANE

Ainsi, fort de ce constat, retrouve-t-on chez tous les opposants sérieux à la démocratie moderne : du nationalisme intégral de Charles Maurras à la République islamique d'Iran, en passant par l'Ordre noir de la SS cher à Heinrich Himmler, cette même tentative de juguler le pouvoir de l'argent par le retour au pouvoir absolu d'un ordre à la fois militaire et religieux.

La seule puissance militaire, sans le secours du sacré face aux forces de l'argent, conduisant inéluctablement à la défaite, comme en témoignent les expériences communistes et fascistes européennes, mais aussi l'échec du panarabisme de Gamal Abdel Nasser ou du baasisme de Saddam Hussein, et sans doute demain, s'il n'y prend pas garde, celui du soldat Vladimir Poutine face à l'homme d'affaires Dimitri Medvedev…

6.
L'EMPIRE EN ACTION

En raison de la présence en France de près de quatre millions et demi de travailleurs immigrés et de membres de leur famille, la poursuite de l'immigration pose aujourd'hui de graves problèmes. Il faut les regarder en face et prendre rapidement les mesures indispensables. La cote d'alerte est atteinte. C'est pourquoi nous disons : il faut arrêter l'immigration, sous peine de jeter de nouveaux travailleurs au chômage. Je précise bien : il faut stopper l'immigration officielle et clandestine. Il faut résoudre l'important problème posé dans la vie locale française par l'immigration. Se trouvent entassés dans ce qu'il faut bien appeler des ghettos, des travailleurs et des familles aux traditions, aux langues, aux façons de vivre différentes. Cela crée des tensions, et parfois des heurts entre immigrés des divers pays. Cela rend difficiles leurs relations avec les Français. Quand la concentration devient très importante, la crise du logement s'aggrave ; les HLM font cruellement défaut et de nombreuses familles françaises ne peuvent y accéder. Les charges d'aide sociale nécessaires pour les

familles immigrées plongées dans la misère deviennent
insupportables pour les budgets des communes.

Georges Marchais, Secrétaire général du PCF,
discours de Montigny-lès-Cormeilles, 20 février 1981

Ce pays mérite notre haine: ce qu'il a fait à mes
parents fut bien plus violent que ce qu'il a fait aux
Africains. Qu'a fait ce pays aux Africains? Que du
bien.

Alain Finkielkraut,
Haaretz, 17 novembre 2005

DES ANNÉES 1930 À L'APRÈS-GUERRE…
ET RETOUR

La question qui hante le citoyen lucide qui contemple ces soixante cinq dernières années du haut de nos 1 500 ans d'Histoire c'est : «que nous est-il arrivé ?»

Comment a-t-on pu passer, dans une période qui n'a connu pourtant sur notre sol ni catastrophe naturelle, ni révolution, ni guerre, de la présidence d'un de Gaulle – patriote cultivé s'efforçant d'incarner la grandeur et l'indépendance française – à celle d'un Sarkozy : margoulin aux origines et allégeances douteuses, collé à une demi-mondaine ?

Pour comprendre cette dégringolade, nous devons nous pencher sur la destruction des piliers, des verrous qui, en détruisant un consensus politique, culturel, économique et social, a permis le retour d'un climat qui, par bien des aspects, rappelle les années 1930…

LE CONSENSUS LIBÉRAL-SOCIAL D'APRÈS-GUERRE ISSU DU CONSEIL NATIONAL DE LA RÉSISTANCE (1945-1973)

On peut globalement considérer la période d'après guerre 1945-1973 – appelée Trente Glorieuses – comme une période de prospérité et de consensus social.

Prospérité économique due à la dynamique insufflée par les destructions et les pénuries de la guerre, et orientée dans un sens libéral par le plan Marshall.

Consensus social par la nationalisation de l'énergie, de la régie Renault, des assurances et des banques, et la création de la Sécurité sociale.

Un régime d'économie mixte, libéral et social, résultant du programme du Conseil national de la Résistance où patriotes gaullistes et communistes, prolongeant la fraternité des combats, s'efforcèrent aussi de ne pas reproduire les déséquilibres des années 1930 qui avaient conduit à la guerre.

Période de consensus économique et social donc, mais aussi «mémoriel» par l'adoption d'un même roman national : ce mythe de la trahison pétainiste et de la Résistance de gauche, profitable aux deux contractants.

Consensus et roman gaulo-communiste ramené aujourd'hui à sa réalité dans : *Un Paradoxe français : antiracistes dans la Collaboration, antisémites dans la Résistance,* par l'historien israélien Simon Epstein, mais qui se maintint bon gré mal gré jusqu'à l'éviction du général de Gaulle en 1969…

LA TRAHISON BANCAIRE DU CNR : DU CONSENSUS GAULO-COMMUNISTE À LA LOI DU 3 JANVIER 1973 EN PASSANT PAR MAI 68

Une fin des Trente Glorieuses (1945-1973) injustement attribuée au «premier choc pétrolier» mais due, en réalité, à la première rupture du programme du CNR.

Une rupture qui commence par l'éviction de de Gaulle pour son insoumission à l'Empire ; à cette oligarchie mondialiste avec laquelle il avait pourtant pactisé par deux fois : en 1940, en rejoignant le camp des alliés contre Pétain ; puis en 1958, en achevant de liquider l'Empire français dans l'affaire algérienne.

Mais une insoumission gaullienne cette fois clairement exprimée dans son discours du 4 février 1965, sur sa volonté de retour à l'étalon-or, puis dans sa conférence de presse du 27 novembre 1967, pointant du doigt un certain «peuple d'élite sûr de lui-même et dominateur».

Une éviction de de Gaulle, pour son insoumission à l'Empire du dollar et à l'État d'Israël, favorisée par les évènements de Mai 68 dans lesquels l'agitateur Daniel Cohn-Bendit joua un rôle central ; raison pour laquelle il est toujours en poste aujourd'hui...

MAI 68 AU SERVICE DE L'EMPIRE

Car avec le recul du temps, nous pouvons dire qu'il y eut trois Mai 68 :

– le Mai 68 libertaire, plutôt sympathique et spontané ;

– le Mai 68 syndical qui conduisit aux accords de Grenelle (augmentations des salaires) et à la mise sur orbite de Jacques Chirac ;

– et enfin le Mai 68 politique, dont le but était de déstabiliser de Gaulle et de le chasser du pouvoir, pour une série de décisions en rupture totale avec les choix stratégiques et les soumissions de la IVe République.

De 1961 à 1967 en effet :

– de Gaulle s'oppose à l'entrée de l'Angleterre dans la Communauté économique européenne ;

– chasse les bases militaires américaines du territoire national ;

– désengage la défense française de l'OTAN ;

– et par ses discours de Phnom-Penh et de Montréal, fait de la France le leader des non-alignés face aux deux blocs de la Guerre froide ; soit la fameuse Troisième voie.

Une série d'actes d'insoumission culminant avec l'apothéose pro-palestinienne de novembre 1967, totalement en phase avec l'esprit de mai à venir, mais malheureusement incompris par la jeunesse française.

Car si l'on se souvient du climat de l'époque, l'événement déclencheur de la mobilisation étudiante en cette période de plein emploi et d'élévation constante du niveau de vie, grâce au programme du CNR appliqué par de Gaulle, ne fut pas la crise sociale, mais la guerre du Vietnam.

Et la perversité machiavélique de l'Empire sera de faire chasser, par de jeunes idiots utiles criant

"US go home!", mais entièrement sous la coupe de la culture anglo-américaine incarnée par un jeune leader venu de nulle part, mais étrangement promu par les médias, le seul opposant sérieux, dans le camp occidental, à cet impérialisme américain.

Tel est le troisième Mai 68, le moins spontané, le plus caché, mais celui qui compta pour l'Histoire…

LA LOI DU 3 JANVIER 1973, DITE AUSSI « LOI POMPIDOU-GISCARD-ROTHSCHILD »

Mai 68 sans lequel il n'y aurait pu avoir janvier 1973 ; soit, une fois de Gaulle chassé du pouvoir, la trahison de la Nation par la droite d'affaire incarnée par Georges Pompidou et son ministre des finances, Valéry Giscard d'Estaing.

Georges Pompidou, ex-directeur général de la banque Rothschild, qui fera passer en douce la réforme de la Banque de France, interdisant désormais à l'État d'émettre sa monnaie. Un article 25 de la loi 73-7 du 3 janvier de la même année signifiant notre entrée dans la logique structurale de la dette ; soit la fin programmée de nos politiques sociales.

Une liquidation du consensus Capital-Travail issu du CNR qui, la colère sociale aidant, entrainera, après la transition de l'utile mais inexistant Giscard, l'arrivée de la gauche au pouvoir…

LA TRAHISON COMMUNAUTAIRE DU CNR :
MITTERRAND OU L'AVÉNEMENT DE LA GAUCHE
CULTURELLE (10 MAI 1981)

Mai 1981, soit l'arrivée de la gauche au pouvoir. Mais pas n'importe quelle gauche, la «gauche sociétale» du Parti Socialiste de la rose au poing signifiant, à partir du gouvernement Fabius et du fameux «retour à la rigueur», que la gauche incarnée désormais par Jack Lang, la culture de masse et les gays, ne touchera plus à l'économie.

La gauche de François Mitterrand, soit de ce faux homme de gauche au passé vichyste caché, président otage de toute une clique communautaire à l'opposé des hommes de la Résistance qu'avait su fédérer de Gaulle, afin de maintenir la France unie malgré ses déchirements.

Une clique communautaire issue de nos ex-dominions du Maghreb et d'une Europe de l'Est humiliée par la Collaboration qui, après la destruction du consensus économique et social du CNR, travaillera à la destruction de son consensus moral ; au remplacement, dans l'esprit des Français, de la France combattante de Jean Moulin par celle des Papon, Touvier et autres Bousquet soit, quarante ans après, la reprise de l'épuration, inaugurée par le procès Barbie…

ISRAËL, QUESTION CENTRALE

Une stratégie de culpabilisation du peuple de France qui n'a, dans son immense majorité, rien à voir avec la Collaboration ni aucun compte à rendre

sur cette période, mais une stratégie de culpabilisation présentant un double avantage :

– Celui d'empêcher toute critique, immédiatement qualifiée d'antisémite voire de nazie, face à la
montée d'un communautarisme pourtant de plus en
plus «sûr de lui-même et dominateur».

– Travail de culpabilisation éhonté empêchant,
dans le même temps, toute critique de l'État d'Israël,
malgré une politique de plus en plus clairement
raciste et coloniale.

Une communauté se présentant aussi – ceci
entraînant cela – de plus en plus ouvertement
comme peuple à part plutôt que comme partie du
peuple de France, et dont la fidélité désormais n'a
plus à aller à l'ignoble France – éternellement
collabo et redevable – mais à l'état raciste et colonial
d'Israël…

LE PARTI COMMUNISTE FRANÇAIS
REMPLACÉ PAR L'ANTIRACISME (1981)

Une liquidation économique et morale du pacte
scellé par les hommes du Conseil national de la
Résistance – qui eux avaient combattu les nazis – qui
s'achèvera logiquement par la liquidation de son
partenaire historique : ce PCF de Georges Marchais et
sa vision de classe, liquidés eux aussi par la gauche
après le discours de Montigny-lès-Cormeilles, au
profit de l'antiracisme.

Un antiracisme désormais seul combat du PS en
cette période de liquidation de l'industrie et de
chômage de masse ; soit l'interdiction faite au
peuple ouvrier de contester l'envahissement du pays

par un tiers-monde hostile : immigrés désormais sans travail mais élevés dans la haine de la France par le catéchisme anticolonial. Avec cette fois à la manœuvre le trotskiste et sioniste Julien Dray succédant à Daniel Cohn-Bendit...

DE MARCHAIS À LE PEN :
LE MOMENT FRONT NATIONAL (1984)

Le PC de Marchais et Montigny-lès-Cormeilles liquidé par le PS, l'appareil a compris le message : fini l'analyse de classe et la défense des ouvriers (voie ouverte par la CFDT), bienvenue désormais aux jeunes, aux femmes et aux «beurs» dans le nouveau PCF, sans électeurs, de Robert Hue puis Marie-Georges Buffet.

Ainsi, après cet abandon de sa base populaire, l'immigrationisme – stratégie de dumping social de la droite patronale – devient pour toute la gauche le nouveau progressisme par la magie de l'antiracisme !

Le coup de génie de Mitterrand étant, dans le même temps, de faire passer toute résistance à ce dumping social pour une idée d'extrême-droite, par un coup de pouce à Jean-Marie Le Pen.

Ce sera, à sa demande express, le fameux passage à «l'Heure de vérité» sur le service public le 13 février 1984 en *prime time*.

Émission où le président du Front national se montrera si bon, qu'il faudra ensuite faire suivre ce coup de pouce d'un puissant coup d'arrêt, par la profanation de Carpentras...

Un Front national qui devient donc, à partir du milieu des années 1980, à la fois le seul opposant au système mondialiste ; mais aussi son idiot utile en contribuant à promouvoir cette nouvelle lecture racialiste des rapports sociaux.

« SOS racisme » étant chargé, dans le même temps, de valider cette même lecture ethnique auprès des jeunes.

Sans oublier de sauver un racisme, devenu résiduel dans la France de Daniel Balavoine, en poussant les migrants africains et magrébins à la haine du Français de souche, forcément vilain facho colon et collabo...

LA DESTRUCTION DU SÉRIEUX MARXISTE : LE MOMENT NOUVEAU PHILOSOPHE (1977-1981)

Mais cette liquidation du PCF remplacé par le FN n'aurait pas pu se faire sans le travail préalable de liquidation, à gauche, du sérieux de l'analyse marxiste.

Un travail entrepris dès Mai 68 par l'avant-garde trotskiste et l'enragé pour étudiants Alain Krivine, mais que les « nouveaux philosophes » : Bernard-Henri Lévy et André Glucksmann en tête (Jean-Paul Dollé, Jean-Marie Benoist ou Gilles Susong ne bénéficiant pas du même tremplin médiatique) auront pour tâche de faire passer au grand public, à la fin des années 1970.

Un matraquage préparant, selon la bonne méthode gramscienne, l'hégémonie idéologique de cette nouvelle gauche « culturelle », à la fois communautaire, mondialiste, métisseuse et antisociale qui sera l'assise de la mitterrandie…

LA NUISANCE BHL EXPLIQUÉE À CEUX QUI LE PRENAIENT ENCORE POUR UN PHILOSOPHE

Ça fait trente-cinq ans que tous les gens qui pensent, disent et répètent qu'il n'y a pas de pensée chez Bernard-Henri Levy, que BHL philosophe est une pure escroquerie ; l'ultime épisode «Jean-Baptiste Botul» étant là pour le démontrer jusqu'au grotesque.

Une certitude pourtant, BHL, horripilant bourgeois cosmopolite méprisant la France et son peuple, est tout sauf un imbécile. Et, surtout, malgré un verdict maintes fois répété par tous les penseurs qui pèsent : de Raymond Aron à Emmanuel Le Roy Ladurie en passant par Cornelius Castoriadis et Gilles Deleuze ; malgré les multiples prises la main dans le sac : mensonge sur sa rencontre avec le commandant Massoud ou Grozny en flammes, désaveu par la propre veuve du journaliste américain Daniel Pearl pour son «romanquête» : *Qui a tué Daniel Pearl?* ; montage des affaires Redeker et Sakineh… Bref, malgré l'accumulation de déshonneurs et de ridicules, il est toujours en poste.

Et si tel est encore le cas – la critique qui feint de s'en étonner refuse sans doute de l'admettre par peur – c'est que sa compétence, son talent et surtout sa fonction sont ailleurs.

Car dire que BHL n'est pas philosophe, qu'il ne pense pas, c'est vrai, communément admis et maintes fois démontré, mais c'est aussi naïf, inutile que de dire de Bernard Kouchner qu'il serait mauvais médecin, d'Adler, de Minc et Attali qu'ils ne sont ni géopoliticiens ni entrepreneurs ni économistes, tous ces gens-là faisant, à l'évidence, un tout autre travail.

Pas un travail de penseur qui implique de respecter des règles : logique, honnêteté, méthodologie... mais un boulot de propagande, grossière, systématique, relayée en revanche par un énorme dispositif fait d'argent, de médias, de réseaux, au service d'une même cause.

Tout comme Bernard Kouchner, passé de la médecine humanitaire au devoir d'ingérence : soit de la défense des peuples du Tiers-monde (Biafra) à la justification de toute les pacifications néocoloniales à coups de bombes sur les populations civiles (Serbie, Irak, Afghanistan), BHL de toute sa bibliographie d'escroc du concept, mais de fin politique, tapine étape par étape pour l'Empire, accompagnant de son baratin talmudique – c'est lui qui s'en réclame – la marche forcée de l'oligarchie mondialiste vers le Nouvel ordre mondial.

Un nouvel ordre mondial mis en branle de façon explicite et accéléré après l'affaissement du défunt contre-empire soviétique.

Pour le démontrer, il suffit de se pencher sur ses livres dont la succession des titres poursuit, au-delà de leur vide abyssal, ce même et constant objectif :

– 1977 : *La Barbarie à visage humain*.

Message : progressisme = barbarie (gros paradoxe). Communisme = fascisme = totalitarisme = nationalisme (autre gros paradoxe, le communisme ayant enfanté l'internationalisme). Par ailleurs : Libéralisme = liberté = cosmopolitisme.

Conceptuellement c'est faible, mais sur le terrain politique, avec du gros pognon pour la pub et des cheveux longs pour plaire aux jeunes, c'est plus efficace que l'ancien tandem Raymond Aron / Jean-François Revel.

– 1979 : *Le Testament de Dieu.*

Message : Progressisme = nihilisme (toujours gros paradoxe). Par ailleurs : Antitotalitarisme = loi = judaïsme. C'est vrai qu'avec : liberté = cosmopolitisme, on le sentait venir !

– 1981 : *L'Idéologie française.*

Message : Esprit français = fascisme = réaction (colossal paradoxe, l'esprit français étant l'accoucheur historique du progressisme). Conséquence : Esprit français = Pétain = Shoah, et bien sûr, on le sentait venir aussi : Lumières (puisque pas françaises) = judaïsme !

Là, même Raymond Aron, pourtant peu soupçonnable de sympathie pour le régime qui lui avait fait porter l'étoile, est tellement offusqué qu'il déclare dans la presse : «*Bernard-Henri Lévy viole toutes les règles de l'interprétation honnête et de la méthode historique.*»

Ce travail de destruction du sens et d'inversion totale de toute l'histoire du progressisme achevé en trois livres, Bernard-Henri Lévy, poursuivant son travail zélé de femme de méninge de l'Empire, va ensuite prêter la main au dépeçage de la Yougoslavie. Ce sera :

– 1993 : le documentaire *Bosnia !*

Message : Sarajevo = cosmopolitisme, donc Bosnie = gentils et Serbes = méchants.

Au même moment, ses deux comparses Finkielkraut et Glucksmann prendront parti, l'un pour les gentils Croates d'Ante Pavelic, l'autre pour les gentils Tchétchènes islamistes. Trois partis pris parfaitement contraires à leur supposée éthique lévinassienne, mais trouvant, comme chaque fois, toute leur cohérence dans la géopolitique de l'Empire.

Ce travail de liquidation du bloc de l'Est achevé, notre rigoureux philosophe ira fort logiquement s'en prendre aux suivants sur la liste, soit le dernier contre-Empire de l'esprit qui résiste à la déferlante libérale après le défunt communisme : l'Islam et le monde musulman. Ça donnera donc :

– 1994 : *La Pureté dangereuse*.

Message : Islam = intégrisme = nihilisme = nouveau totalitarisme.

Prodige conceptuel qui lui permettra dans la foulée de se prononcer pour un soutien inconditionnel à Israël (= liberté = Lumières = judaïsme) ; pour l'agression de l'Irak (un million de morts) et après un petit soutien à Dominique Strauss-Kahn futur patron du FMI, pour l'opération «Plomb durci» sur les Palestiniens ghettoïsés de la bande de Gaza. Et ce bien sûr toujours au nom des «droits de l'homme» !

Comprenez mieux maintenant pourquoi son dernier opus, bien qu'à contenu tout aussi nul que les précédents, et bien qu'intégralement disqualifié par la risible affaire «Botul» a malgré tout été fêté et commenté par toute la critique à la botte, et pourquoi il s'intitule dans un parfait esprit de cohérence : *De la guerre en Philosophie*…

DESTRUCTION AUSSI DU PEUPLE DE FRANCE DANS SA COMPOSITION ORGANIQUE PAR LE REGROUPEMENT FAMILIAL (29 AVRIL 1976)

Un panorama des nuisances qui ne serait pas complet sans évoquer aussi le fameux «regroupement familial».

Soit cette immigration de peuplement imposée, sous le gouvernement Chirac, par la droite patronale et les Loges, main dans la main depuis la Troisième République.

La droite patronale au nom du Marché: faire consommer l'entrant sous-équipé et le payer moins cher.

La maçonnerie au nom de ce fameux «universalisme des droits de l'homme» qui est, depuis 1945, le masque humaniste du mondialisme marchand.

Le tout afin de détruire aussi cette cohésion ethno-culturelle qui a toujours été un frein à la division et à la domination des peuples...

LA FIN DE LA FRANCE ACCEPTÉE PAR SON PEUPLE LOBOTOMISÉ À MAASTRICHT (20 SEPTEMBRE 1992)

Une destruction méthodique des piliers qui faisaient la France économique, morale, sociale, culturelle et ethnique d'après-guerre, qui s'achèvera par le référendum de Maastricht et la victoire du «Oui»; le renoncement à la France par son peuple travaillé au corps depuis plus de vingt ans par le jeunisme, le féminisme, la «rigueur économique», le métissage et l'antiracisme.

L'argent-roi se jouant des minorités sexuelles et ethniques afin que plus aucune force, venue de la droite morale ou de la gauche sociale, ne vienne désormais s'opposer au rouleau compresseur mondialiste…

LE MOMENT CHEVÈNEMENT OU LE DERNIER SURSAUT DU RÉPUPLICANISME DE GAUCHE (2002)

Une liquidation qui ne se fera pas sans quelques soubresauts de résistance du côté de la gauche républicaine.

Et il faut rendre hommage à la tentative de Jean-Pierre Chevènement de s'opposer, par sa candidature à l'élection présidentielle de 2002, à cette dérive mondialiste et marchande des principes jacobins authentiques.

Une candidature de protestation qui coûtera son élection à l'ancien lambertiste Lionel Jospin, mais qui vaudra surtout à Jean-Pierre Chevènement sa marginalisation politique par son propre camp, comme on a pu le constater depuis.

Une liquidation du nationalisme de gauche qui achèvera de faire du Front national le dernier défenseur de poids du camp national-républicain.

Une menace suffisamment sérieuse pour que le système laisse aujourd'hui sa petite place au turbulent ancien lambertiste, ex-sénateur socialiste et maçon Jean-Luc Mélenchon, à peu près aussi crédible dans ce rôle que Lionel Jospin…

LA FIN DE L'ANTIRACISME OÙ LE MOMENT «NOUVEAU-RÉACTIONNAIRE» : MONTÉE D'ALAIN FINKIELKRAUT ET DÉCLIN DE JULIEN DRAY (2002-2009)

Le sérieux de la gauche économique et sociale remplacé par l'antiracisme, cet antiracisme sera ensuite circonscrit au seul antisémitisme par la vague dite des «nouveaux réactionnaires».

Une clique (Pierre-André Taguieff, Maurice G. Dantec, Élisabeth Lévy, Shmuel Trigano...) patronnée cette fois par Alain Finkielkraut, passé sans vergogne de l'anti-vichysme immigrationiste (pour raison biographique) au mépris haineux de l'Arabe et du Noir.

Un passage de la fausse gauche à la vraie droite – antisociale et raciste – motivé non pas par les dégâts infligés par l'idéologie antiraciste sur la cohésion nationale (montée du communautarisme victimaire, anticolonialisme rétroactif), mais par ses effets secondaires sur l'image d'Israël et la montée de l'antisionisme en banlieue.

Une idéologie antiraciste de plus en plus gênante, en effet, pour la domination du PS sur la jeunesse issue de l'immigration et l'image d'Israël auprès des jeunes de gauche, qui sonnera le déclin de SOS racisme et un certain déclassement de son parrain Julien Dray, opportunément rattrapé par les affaires et, à défaut d'être jugé (réseaux maçonniques obligent) vertement «rappelé à la loi» en 2009...

LA DOUBLE ÉTHIQUE DE PLUS EN PLUS VISIBLE
DE L'ANTIRACISME SIONISTE ET LA QUESTION
SOUDAIN LOISIBLE DE L'IDENTITÉ NATIONALE

Dès lors, les thèmes du «danger de l'islam», voire d'une «certaine immigration» sur une identité nationale niée, pour ne pas dire méprisée jusqu'alors par les mêmes – et qui valurent à Le Pen d'être voué aux gémonies durant quarante ans – redeviennent des questions pertinentes, autorisées dans les médias.

À condition bien sûr que celles-ci soient traitées par des spécialistes de la double éthique du calibre du rabbin Bernheim ou du désormais omniprésent et omniscient Alain Finkielkraut, co-signataire avec Bernard Kouchner de la pétition contre le racisme anti-Blanc, tout en étant membre du comité central de la LICRA (depuis 1982) et même membre de son comité d'honneur depuis 2003.

On appréciera la performance du contorsion-niste...

D'OÙ LA NOUVELLE DÉFINITION DE
L'ANTISÉMITISME

Outre la réduction de l'antiracisme à la seule lutte contre l'antisémitisme – le racisme anti-Maghrébin pouvant désormais s'habiller de lutte contre le «fascisme vert», nouveau combat de Bernard-Henri Lévy – ce repositionnement d'une bonne partie des intellectuels communautaires ne sera pas sans conséquence sur la redéfinition de l'antisémitisme.

Antisémite ne voulant plus dire désormais : «raciste envers les juifs», mais comme le redéfinit Alain Finkielkraut lui-même dans un rare moment de lucidité : «antisioniste par antiracisme»; ce dont cet adepte de la double éthique conclut en bonne logique qu'il faut donc en finir avec... l'antiracisme!

D'OÙ LA SCHIZOPHRÉNIE DE L'ANTIRACISME GAUCHISTE

Un repositionnement qui ne sera pas sans conséquence non plus sur leurs suiveurs et obligés gauchistes, désormais atteints de schizophrénie politique.

Des antiracistes gauchistes toujours immigrationistes, par haine des peuples enracinés (tradition trotskiste).

Mais désormais anti-islamistes, au nom de la défense de la laïcité (entendez : de la religion maçonnique).

Ce qui conduit finalement ces éternels idiots utiles, particulièrement bien représentés par Olivier Besancenot et Caroline Fourest, à protéger d'une main l'immigré musulman qu'ils menacent de l'autre...

D'OÙ LE MOMENT « NI PUTE NI SOUMISE » (2003)

Une schizophrénie du positionnement de gauche : à la fois pour l'immigré contre le Français de souche, mais contre le musulman jugé hostile à Israël, que les antiracistes sionistes de SOS racisme vont s'efforcer de résoudre par la création de « Ni putes ni soumises ».

Nouvelle association – toujours téléguidée par le PS via Julien Dray – mais travaillant à opposer désormais, non plus les Arabes et les Noirs aux Blancs, comme précédemment, mais les filles aux garçons au sein de la jeunesse immigrée.

Filles issues du Maghreb, considérées comme récupérables par la démocratie de marché, parrainées désormais sur le beau chemin du féminisme par l'héritière Publicis et philosophe milliardaire Élisabeth Badinter, née Bleustein-Blanchet.

Garçons abandonnés en revanche au bord du chemin et désormais voués aux gémonies pour cause d'insupportable réislamisation machiste !

Un dualisme et une opposition correspondant fort peu à la réalité et à la complexité des « quartiers », mais validés à la demande par le renfort stipendié de « collabeurettes » du style Fadela Amara, suppléant désormais les « collabeurs » Malek Boutih et autre Mohammed Abdi…

LE MOMENT DIEUDONNÉ (1ER DÉCEMBRE 2003)

Dans ce contexte de manipulations, de mensonges, de double langage puis de retournement d'alliance, il n'était pas étonnant que le plus honnête, le plus courageux, le plus talentueux et le plus engagé des antiracistes authentiques, le bien nommé Dieudonné (rappelons sa campagne contre Marie-France Stirbois du Front national aux législatives de 1997 à Dreux) ose enfin dénoncer cette dangereuse mascarade par un coup d'éclat retentissant.

Ce sera le fameux sketch emblématique du «colon israélien» en direct dans l'émission «On ne peut pas plaire à tout le monde» de Marc-Oliver Fogiel, le 1er décembre 2003.

Sketch suivi dès le lendemain d'une diabolisation médiatique et d'une volonté de mise à mort sociale par un harcèlement judiciaire et pécuniaire sans précédent.

Un lynchage orchestré par le lobby sioniste et ses affidés – le milliardaire Bernard-Henri Lévy en tête – qu'il n'aura dès lors de cesse de ridiculiser par des surenchères volontairement provocatrices:

– main tendue à ces autres diabolisés que sont Le Pen et le professeur Faurisson;

– création d'une «liste antisioniste» avec des insoumis à l'Empire de tous bords aux élections européennes du 7 juin 2009…

LA TOUTE PUISSANCE DE PLUS EN PLUS VISIBLE DU LOBBY SIONISTE

Cette diabolisation et cet acharnement à faire passer, aux yeux du peuple, un comique métis antiraciste pour un dangereux nazi, parce qu'il ose critiquer la dérive théologico-militaire de l'état raciste et colonial d'Israël, ainsi que son soutien inconditionnel par les principales organisations juives françaises (CRIF et Consistoire) va atteindre un tel niveau d'obscénité et de ridicule, qu'ils vont avoir pour conséquences de rendre de plus en plus visible, aux Français lucides, la toute puissance d'un lobby sioniste parfaitement disqualifié pour incarner l'antiracisme, les droits de l'homme ou la démocratie.

Une obscénité communautaire parfaitement illustrée par la prosternation générale du personnel médiatique et des instances républicaines, président de la République en tête, à l'annuel dîner du CRIF...

LA NOUVELLE FRANCE BLACK-BLANC-BEUR, MAIS PAS CELLE DE SOS RACISME

Pourtant, la réconciliation de Jean-Marie Le Pen et de Dieudonné, sa main tendue au président Mahmoud Ahmadinejad, nouveau champion de l'insoumission musulmane et des États du Sud à l'ONU, n'est-ce pas là cette France «Black-Blanc-Beur» dont devrait se réjouir SOS racisme ?

Étrange donc que cela rende à ce point hystérique de colère et de haine les professionnels de l'antiracisme institutionnel, à commencer par leur parrain en chef Bernard-Henri Lévy...

LE MOMENT SARKOZY (6 MAI 2007)

C'est dans ce contexte de prise de conscience citoyenne, mais aussi d'abrutissement maximal des masses par les médias, que va s'opérer la prise du pouvoir de Nicolas Sarkozy, candidat rassemblant sur sa personne les plus puissants réseaux.

Une élection gagnée sur une campagne de redressement national, parodiant celle du FN, qui se soldera dans les faits (les promesses de campagnes n'engageant que ceux qui les écoutent) par :

– la liquidation, avec la nomination au poste de ministre des Affaires Étrangères de Bernard Kouchner, ex-gouverneur du Kosovo nommé par l'OTAN, du dernier bastion du gaullisme et de l'indépendance française qu'était encore le Quai d'Orsay et sa tradition de politique équilibrée au Moyen-Orient (qualifiée par le lobby sioniste de pro-arabe) ;

— la réintégration de la France dans l'OTAN — autre trahison de l'héritage gaulliste — scellant la fin de l'indépendance de notre défense nationale passant désormais sous commandement américain ;

— la ratification en douce, par une Assemblée nationale traître à ses électeurs, du traité de Lisbonne passant outre le rejet de la Constitution européenne du peuple de France par référendum ; soit l'abandon de la souveraineté française, politique et économique à la bureaucratie mondialiste des experts non élus de Bruxelles ;

— et après une campagne de séduction envers la droite de la droite sur les questions de sécurité et d'identité, la fameuse « ouverture à gauche » : cooptation de Bernard Kouchner, de Jacques Attali, de Michel Rocard, d'Arno Klarsfeld, d'Éric Besson, etc. Soit en réalité l'union sacrée libérale, atlantiste et sioniste.

Une perte d'indépendance diplomatique, militaire, économique et politique qui voit l'appareil d'État de la Nation française, sous le quinquennat Sarkozy, passer intégralement sous contrôle de l'Empire…

LE MARIAGE SARKOZY-BRUNI OU L'OFFICIALISATION DE L'UNION BOBO-LIBÉRALE (2 FÉVRIER 2008)

Et comme sous l'Ancien régime, quand une

lente et minutieuse stratégie d'alliance se concluait par un mariage, le roi de notre droite mondialiste et financière, Nicolas Sarkozy, finit par convoler en justes noces avec la princesse bobo Carla Bruni.

Un mariage officialisant la fameuse union libérale-libertaire discrètement mise en place depuis Mai 68 (collusion de la droite d'affaire mondialiste Pompidou-Giscard-Rothschild et de la gauche internationaliste sociétale Krivine-Kouchner-BHL sur le dos de l'ancienne alliance de Gaulle-PCF).

Une idéologie libéral-libertaire d'ailleurs ouvertement revendiquée, depuis les années 1990, par l'agent impérial multicartes Cohn-Bendit.

Un mariage bobo-libéral alliant le glamour de la gauche bobo à la vulgarité de la droite bling-bling, mais signifiant aussi :

– la transgression libertaire de toute règle morale au service d'une prédation financière sans limite ;

– ou encore l'idéologie trotskiste sans-papiériste de ce cher Besancenot, excellent alibi humanitaire à l'immigration choisie du MEDEF, tandis que la droite morale, incarnée par le maurrassisme gaulliste hier et Bruno Gollnisch aujourd'hui, est évidemment devenue, dans un capitalisme de plus en plus spéculatif et de moins en moins entrepreneurial, un frein à la logique du profit maximum…

DU LIBÉRALISME LIBERTAIRE
AU LIBÉRALISME SÉCURITAIRE

Un libéralisme-libertaire favorable à l'élite (hyperclasse nomade et nouvelle classe promotionnelle), mais de plus en plus dur au peuple, tant sur le plan économique (déréglementation, délocalisations) que socio-culturel (délinquance sexuelle, tensions interethniques) qui va peu à peu se muer en libéralisme sécuritaire.

Libéralisme sécuritaire : soit un régime libéral envers la bourgeoisie mondialiste et tout ce qui favorise l'affaiblissement de la Nation, mais un régime sécuritaire, non pas envers les délinquants ou les clandestins qui posent problème au peuple, mais envers les salariés et la classe moyenne qui pourraient avoir envie de se révolter contre l'élite mondialiste.

Un régime libéral sécuritaire qui fait semblant de résoudre les problèmes qu'il a lui-même créés et qu'il continue d'aggraver (précarisation, insécurité), par deux trois lois gadgets qui pénalisent toujours, en fin de compte, le citoyen qui peut encore payer : sécurité routière muée en racket organisé, interdits généralisés (tabac, alcool) au nom de la santé publique et censure grandissante de la liberté d'expression au nom de la protection des minorités.

Un régime sécuritaire envers le peuple du travail sans jamais toucher, en réalité, à la délinquance des prédateurs sous-prolétaires et des prédateurs de l'élite, pour donner au final cette société de consommation policière, à la fois permissive pour l'abruti consommateur (libéralisation du sexe et des jeux…) et répressive pour le citoyen producteur (hyper réglementation, taxes et amendes en tous genres…) sous pilotage euro-mondialiste…

Un pouvoir sarkoziste qui se révèle être, après trois ans de règne, la mise au pas pure et simple de «l'exception française» issue du CNR, afin de soumettre ce qu'il restait de France au Nouvel ordre mondial, via l'Union européenne.

Un Nouvel ordre mondial de plus en plus souvent invoqué par nos élites impériales – d'Alain Minc à Michel Rocard – comme but suprême à atteindre et remède à la crise; alors que cette crise n'est jamais que la conséquence du processus mondialiste par la destruction des cultures et le libre-échangisme généralisé...

MONDIALISATION ET MONDIALISME

À ce stade du processus impérial, précisons que la mondialisation n'implique pas nécessairement le mondialisme.

La mondialisation – processus d'échanges matériels et immatériels dus au progrès technique – pourrait tout aussi bien se satisfaire d'un monde multipolaire fait de nations pratiquant un protectionnisme réciproque et raisonné.

Le mondialisme en revanche est ce projet idéologique – sorte de religion laïque – qui travaille à la mise en place d'un gouvernement mondial et à la dissolution de toutes les nations du globe en une seule humanité.

Une dissolution des nations sous prétexte de «paix universelle» (projet maçonnique), la diversité des nations et des peuples étant considérée

– contrairement à ce que nous enseigne la *Genèse* par l'allégorie de la Tour de Babel – comme la cause des conflits et des guerres qui ensanglantent la Terre depuis l'aube de l'humanité…

DÉCLARATION UNIVERSELLE DES DROITS DE L'HOMME CONTRE DÉCLARATION DES DROITS DE L'HOMME ET DU CITOYEN (1789-1948)

Un processus mondialiste très actif après la Première Guerre mondiale à travers la Société des Nations (SDN), que la montée des nationalismes de l'entre-deux-guerres fera refluer, mais qui resurgira après 1945 par la création de l'ONU (Organisation des Nations Unies) succédant à la SDN, et la fameuse «Déclaration universelle des droits de l'homme».

Une «Déclaration universelle des droits de l'Homme» (10 décembre 1948) due à René Samuel Cassin – également président de l'Alliance israélite universelle – trop souvent confondue avec «la Déclaration des droits de l'homme et du citoyen» de 1789 qui, elle, pensait ces droits dans le cadre concret d'une nation enracinée – la Nation française – au nom d'un modèle civilisationnel: «l'universalisme français», peu à peu dominé par un libéralisme anglo-saxon allant de pair avec le messianisme judéo-protestant…

VICTOIRE DU MONDIALISME LIBÉRAL SUR L'UNIVERSALISME FRANÇAIS ET L'INTERNATIONALISME COMMUNISTE (1969-1991)

Nous avons donc en lutte contre les nations et les peuples enracinés, considérés comme nuisibles et à détruire, deux systèmes idéologiques dominants au lendemain de la Seconde Guerre mondiale :

– l'internationalisme communiste, logé en Russie, et décédé le 26 décembre 1991 ;

– le mondialisme libéral américain, sorti finalement grand vainqueur de la Guerre froide et aujourd'hui seul modèle universel à l'Ouest, face au double écroulement du communisme soviétique, mais aussi de l'universalisme français défendu par le général de Gaulle jusqu'en 1969, et encore aujourd'hui dans les conférences de François Asselineau…

Vrai .

LE MONDIALISME MARCHAND AU NOM DES DROITS DE L'HOMME

Il apparaît donc, au sortir de ce court récapitulatif, que le mondialisme, volonté politique et non fatalité technique, résulte en fait de l'alliance de deux processus :

– l'un pratique, par la marchandisation intégrale de l'Humanité sous la religion du profit marchand ;

– l'autre idéel, et qui en est la légitimation pour les belles âmes, par l'idéologie des droits de l'homme abstrait…

LE DROIT DE L'HOMMISME, ACTUELLE
DÉFINITION ET UTILITÉ

Une «idéologie des droits de l'homme» qui n'a donc plus rien à voir avec les droits réels des hommes réels, toujours attachés à leur culture locale et à leur patrie – l'engouement pour les compétitions sportives internationales : Jeux olympiques, Coupe du monde de football... continuent d'en témoigner – mais qui est désormais le catéchisme qui accompagne la mise au pas de toute tentative de résistance au mondialisme.

Ainsi, c'est au nom des «droits de l'homme», entraînant droit d'ingérence humanitaire, puis devoir d'ingérence militaire du bon docteur Kouchner, que l'OTAN bombardera, en 1999, la petite nation serbe parce qu'elle résistait, au nom de sa culture et de son histoire, au rouleau compresseur mondialiste sous pilotage américain.

C'est au nom de l'idéologie totalitaire et belliqueuse des «droits de l'homme», qu'on bafoue aujourd'hui les droits réels des hommes réels partout sur la planète : que ce soit le droit des Serbes à rester serbes en Europe, mais aussi bien le droit des musulmans à rester musulmans en Iran ou en Afghanistan.

C'est encore au nom des «droits de l'homme» qu'on détruit, à l'intérieur des Nations et des peuples, les solidarités sociales traditionnelles en substituant aux acquis sociaux, notamment ceux des ouvriers et des classes moyennes, les droits sociétaux des pseudo-minorités opprimées, en réalité minorités agissantes : droits des féministes, droits des gays, droits des jeunes ou des Blacks (word culture)… qui sont autant de segments de marché au service du mondialisme idéologico-marchand, comme avait très bien su l'illustrer, dans les années 1990, le publicitaire Oliviero Toscani par ses campagnes *« United colors of Benetton »*…

LA MÉCANIQUE DU CRIME CONTRE L'HUMANITÉ

Dès lors, toute résistance à cette mise au pas :

– Refus de considérer les Serbes comme les ennemis de l'humanité parce qu'ils essayaient de préserver leur mode de vie et leur indépendance.

– Refus de considérer les gays comme une catégorie sociale, la diversité des homosexuels ne se réduisant pas à un lobby autoproclamé, et la sodomie restant, quoi qu'il en soit, une activité de loisir privée.

Bref, tout refus de se soumettre à l'escroquerie de ces pseudos « droits de l'homme » est considéré par l'inquisition du pouvoir mondialiste comme autant de « crimes contre l'humanité ».

Une sentence de « crime contre l'humanité » qui permet de chasser celui qui en est accusé hors de l'humanité : peuple allemand et japonais après guerre, peuple palestinien aujourd'hui, iraniens demain, militants et électeurs du Front national en France depuis quarante ans… Tous ravalés au rang de sous-hommes et ne bénéficiant plus, pour eux-mêmes, de ces fameux « droits de l'homme »…

Une menace permanente de *réductio ad hitlerum* étalonnée sur le « crime des crimes » contre l'humanité qu'est bien sûr l'histoire de la persécution des juifs d'Europe par le régime national-socialiste allemand (1933-1945), rebaptisée Shoah depuis les années 1980 par le tout-puissant lobby juif américain.

Un glissement du sérieux de l'Histoire vers le « devoir de mémoire » instaurant à partir de cette même époque – soit quarante ans après les faits – la Shoah comme nouvelle religion impériale.

Une religion dont le credo : « plus jamais ça ! », sous entendu : « demain le mondialisme ou le retour d'Auschwitz », sert aussi d'anathème contre toute résistance patriotique, et où la chambre à gaz prend désormais la place du corps, introuvable, du Christ ressuscité…

DES LUMIÈRES À L'OBSCURANTISME DES DROITS DE L'HOMME (RESUMÉ)

Ainsi, le projet des Lumières fondé sur la sensibilité rousseauiste et la Raison de Kant, pour dépasser l'obscurantisme de la scolastique qui avait ensanglanté l'Europe par les guerres de religions, a-t-il finalement dégénéré, sous la pression du libéralisme anglo-saxon et du messianisme judéo-protestant convergeant dans la pensée maçonnique, en « obscurantisme des droits de l'homme ».

« Obscurantisme des droits de l'homme », soit l'interdiction, sous peine de condamnation pour blasphème et pour hérésie, d'utiliser désormais sa raison pour critiquer les mensonges d'une Histoire transformée en mémoire et ses méfaits concrets sur l'humanité concrète : paupérisation, précarisation, violences et déclin spirituel des peuples ; les méfaits de ce processus mondialiste totalitaire piloté par l'oligarchie financière à son seul avantage…

POUR LE DROIT AU BLASPHÈME OU LE POLITIQUEMENT INCORRECT COMME ACTE DE RÉSISTANCE AU TOTALITARISME IMPÉRIAL

Face à ce catéchisme œuvrant pour la dissolution des nations et des peuples afin de favoriser la dictature de l'argent.

Face à cette persécution systématique des majorités au nom de la défense de supposées minorités menant, au nom des libertés, à l'interdit généralisé.

Il apparaît que le politiquement incorrect – que ce soit l'affirmation de l'existence des races (différence des communautés ethno-culturelles), l'affirmation de l'inégalité des sexes (différence masculin/féminin) ou encore le révisionnisme historique généralisé (sens de l'Histoire, Shoah, 11 septembre…) – loin d'être de la démence ou de la provocation gratuite, n'est jamais que la réaction d'insoumission des esprits encore libres et en bonne santé face à cette idéologie totalitaire du mensonge et de l'absurdité.

La résistance, par l'esprit, à la violence de l'Empire mondialiste…

LES OPÉRATIONS DE GOUVERNANCE GLOBALE :
ÉCOLOGIE, SANTÉ, TERRORISME ET FINANCE

En plus de ce terrorisme antinational œuvrant, via la religion impériale du « plus jamais ça ! », à l'hégémonie mondialiste, d'autres opérations « sans frontières » sont également mises en place qui concourent discrètement au même but : faire accepter aux peuples le futur gouvernement mondial comme une nécessité « naturelle » au-delà des Nations et des clivages politiques.

La lutte contre la pollution, contre les virus, contre le terrorisme et les dérèglements financiers étant autant de causes qui exigent, au nom du bien-être et du salut de l'humanité, de passer au-dessus des gouvernements issus du suffrage populaire, pour être confiées au niveau planétaire à un collège d'experts non élus…

LE MOMENT ÉCOLOGIE :
L'ARNAQUE DU RÉCHAUFFEMENT CLIMATIQUE
ET LA TAXE CARBONE (2006)

Ainsi, avec le documentaire *Une vérité qui dérange*, présenté par Al Gore, ex-candidat malheureux (pour ne pas dire spolié) à la présidence étatsunienne, l'oligarchie mondialiste va faire de l'écologie – ancienne idéologie conservatrice des années 1920-1930 passée par une phase de récupération gauchiste à partir des années 1970 – le fer de lance climatique du mondialisme.

Une écologie appuyée sur les travaux du GIEC – émanation climatologique de l'ONU, créé en

1988 et déjà utilisé par le gouvernement de Margaret Thatcher pour justifier la désindustrialisation de l'Angleterre – au service du nouveau marché de l'écologie promu par les ex-internationalistes de gauche passés au mondialisme de droite comme Daniel Cohn-Bendit (décidément sur tous les mauvais coups!) pour faire gober aux peuples d'Occident la thèse du «réchauffement climatique».

Un bricolage mensonger, établissant un lien causal entre un supposé dangereux réchauffement planétaire, l'émission de CO_2 et la production industrielle, censé permettre au futur gouvernement mondial d'imposer la non moins fumeuse «taxe carbone».

Une taxe présentée aux masses par les médias comme «anti-pollution», alors qu'elle n'est en réalité qu'un énième racket financier sorti des cerveaux malades de Goldman Sachs : faire payer – via un marché carbone – le droit d'émettre du CO_2 ; soit l'impôt ultime sur l'air respiré !

Un vaste montage médiatico-financier fondé sur une escroquerie scientifique, heureusement dénoncé par les plus grands climatologues indépendants, et que vont bientôt refuser les puissances émergentes, telles l'Inde et la Chine, qui voient clairement dans ce nouveau marché spéculatif où l'on achète le droit de polluer, une tentative américaine de freiner leur développement industriel et leur future suprématie économique mondiale…

LA LUTTE CONTRE LES PANDÉMIES ET
L'ARNAQUE DU VACCIN H1N1 (2009)

Après la gouvernance globale au nom de l'environnement, ce sera, avec cette fois la complicité de l'OMS (Organisation mondiale de la santé) – autre émanation de l'ONU – dans le rôle du GIEC, la gouvernance globale au nom de la santé publique. Et en lieu et place de la taxe carbone, le vaccin H1N1, nouvelle panacée censée prémunir l'humanité des risques de «pandémie» – pour épidémie mondiale – de grippe porcine.

Autre montage charlatanesque qui permet à l'oligarchie mondiale de terroriser les populations afin de les soumettre à des directives autoritaires : vaccination obligatoire encadrée par la force publique, interdiction de se regrouper… toutes choses utiles en période de crise et de risques de soulèvement populaire. Le tout sans omettre de réaliser là aussi d'énormes bénéfices indus. Le lobby pharmaco-chimique, avec la complicité des gouvernements, ayant fourgué dans cette opération ses gigantesques stocks de Tamiflu inutiles ; soit, rien que pour la France, 94 millions de vaccins à 10,60 € l'unité, pour un total d'un milliard d'euros ; même si sous la pression populaire et les risques de scandale, cette commande et cette somme seront finalement réduites de moitié, ce qui fait quand même un racket net de 500 millions d'euros payés par le contribuable !

Donald Rumsfeld, actionnaire de Gilead Siences, propriétaire des droits du Tamiflu – et accessoirement ex-secrétaire de la défense des États-Unis – ayant empoché pour sa part dans cette opération une plus-value de 5 millions de dollars.

Une opération tellement scandaleuse qu'elle aura eu le mérite de rendre ces campagnes de vaccination – dans lesquelles certains esprits inquiets voient des opérations malthusiennes d'empoisonnement à l'échelle mondiale – de plus en plus suspectes aux peuples d'Occident...

LA LUTTE CONTRE LE TERRORISME ET L'ARNAQUE AL-QAIDA (11 SEPTEMBRE 2001)

Mais la première grande opération de terreur organisée afin de justifier la gouvernance mondiale, doublée d'une énorme opération financière, sont sans aucun doute les fameux attentats du 11 septembre 2001 sur le Pentagone et le World Trade Center.

Une opération terroriste oligarchique, instrumentalisant l'islam radical, qui permit à l'Empire de justifier et de relancer ses opérations de pacifications néo-coloniales (Irak, Afganistan, demain Iran...) au nom de la lutte contre le terrorisme abstrait – synonyme du Mal – incarné par Al-Qaida de leur ancien agent Oussama ben Laden.

Une auto-validation de la thèse du «conflit de civilisations», fer de lance impérial des néo-conservateurs américains, qui aura permis par ailleurs l'explosion du budget de l'armée américaine – toujours payé par le contribuable – pour le plus grand bonheur du lobby militaro-industriel.

Une opération qui aura permis enfin, aux États-Unis même, l'abolition de fait du Premier amendement garantissant aux citoyens américains les libertés démocratiques fondamentales, par le *Patriot Act*, au nom de la sécurité intérieure.

Une vérité officielle sur les attentats du 11 septembre tellement intenable – avec notamment les questions troublantes de l'écroulement des trois tours du WTC, dont la tour n° 7 tombée sans le moindre avion, et l'avion tout aussi introuvable du Pentagone… – que plus d'un Américain sur deux n'y croit plus et pense aujourd'hui, comme de nombreuses hautes personnalités du reste du monde, à un *inside job* impliquant services américains et israéliens…

LA LUTTE CONTRE LA DETTE ET L'ARNAQUE DE L'AUTO-RÉGULATION FINANCIÈRE (2007-2008)

Autant d'opérations qui sont autant de coups de fric pour les maîtres de l'Empire : l'oligarchie financière, responsable de tous les dérèglements économiques, se servant d'une façon générale de la Crise – notamment provoquée par le marché des *subprimes* – pour accroître la concentration du capital occidental entre ses propres mains et achever de ruiner les classes moyennes.

Une oligarchie financière qui, loin de faire son mea culpa, exige maintenant des gouvernements à sa botte de lui confier les pleins pouvoirs de contrôle et de régulation, arguant de l'obsolescence des États face à l'économie mondialisée.

Une exigence machiavélique de pompier pyromane aboutissant, comme ce fut déjà le cas lors de la création de la Réserve fédérale américaine (voir chap. 2) à confier aux renards la garde du poulailler…

Cette dérive purement spéculative et financière de l'économie de marché, où tout n'est plus désormais que spoliation et privilège oligarchique, finit par empêcher toute création de richesses.

Une sclérose qui ressemble beaucoup à celle du communisme des Soviets, mué en dictature bureau-cratique d'une Nomenklatura, et qui conduisit finalement, par le chemin inverse, à la ruine et à la paralysie totale de l'ex-URSS.

Un Empire tout puissant en apparence, mais qui ne se maintient plus, face à la colère grandissante et à la misère du peuple, que par la propagande et la répression policière...

LA QUESTION DÉMOGRAPHIQUE POSÉE
À LA DOMINATION IMPÉRIALE

À ce stade de puissance et d'illégitimité, tant sur le plan démocratique qu'économique, la question posée à l'oligarchie devient purement démographique.

Comment le petit nombre de ses membres va-t-il pouvoir continuer à contrôler une population mondiale grandissante, et de plus en plus poussée à la révolte par une crise généralisée ?

Un problème crucial auquel notre champion de l'hyperclasse nomade, Jacques Attali, répond dans ses conférences à usage interne, en proposant de simplifier et de faciliter les conversions, afin d'accroitre les effectifs de sa communauté d'élite de 13 à 200 millions d'âmes.

L'autre solution, proposée selon les dires de feu Aaron Russo par cet autre oligarque, Nick Rockefeler, consistant au contraire à réduire de façon drastique la population mondiale par une série d'actions malthusiennes qui ressembleraient fort aux opérations de gouvernance globale précédemment évoquées, mais poussées à leur terme : famines organisées, empoisonnements de masse, guerre généralisée... afin que cette masse, réduite au moins de moitié, puisse continuer à être soumise et contrôlée par l'élite oligarchique dans sa proportion actuelle...

LE RÈGNE DÉSORMAIS SANS PARTAGE DE L'EMPIRE SUR L'OCCIDENT

Une vision incroyablement inégalitaire et violente, qui peut paraître délirante aux esprits humanistes helléno-chrétiens, mais pourtant conforme au messianisme judéo-protestant porté par les élites anglo-saxonnes et qui ont accouché historiquement de l'Amérique impériale comme du projet sioniste.

Une vision et une violence impériales auxquelles plus aucune force spirituelle ne vient désormais faire contrepoids en Occident :

– l'alternative catholique s'étant ralliée à l'Empire des droits de l'homme depuis Vatican II (voir chapitre premier) ;

– l'utopie communiste s'étant écroulée, avec l'URSS, sous le poids de ses contradictions ;

– et les élites françaises ne faisant que trahir l'universalisme français pour l'Empire, depuis l'éviction du général de Gaulle...

7.
RÉSISTER À L'EMPIRE

Dans une société de ce genre, même la réussite peut devenir le signe de l'élection divine – ce qui, au moment où le critère dominant sera le critère économique, signifiera richesse, prospérité. Ici ressort bien clairement l'un des aspects de l'inversion dégradante dont on a déjà parlé : au fond cette théorie calviniste se trahit en tant que contrefaçon matérialiste et laïque de l'ancienne doctrine mystique de la victoire. Pendant un certain temps, elle fournira une justification éthico-religieuse à la montée de la caste des marchands, du Tiers Etat, dans son cycle propre, qui est celui des grandes démocraties modernes et du capitalisme.

Julius Evola, *Révolte contre le monde moderne*

L'époque où il était possible d'imposer à la communauté internationale le capitalisme sans cœur et les goûts d'un groupe particulier, et d'imposer leur pouvoir au nom de la mondialisation et de leur empire, est révolue. Le temps d'une morale et de critères à géométrie variable et du mépris des peuples est terminé. Il est illégal que les résultats voulus par certains gouvernements soient imposés et que leur seul critère d'existence, sous une apparence de recherche de justice au nom d'une liberté qui cache les pires menaces et les pires ruses, soit présenté comme démocratique, et que la dictature soit présentée comme démocratie.

Discours du président Ahmadinejad lors de la soixante-quatrième réunion des Nations Unies, le 24 septembre 2009

FACE À L'EMPIRE, L'ISLAM ?

Après l'effondrement des trois autres forces morales d'Occident qu'étaient le catholicisme, le communisme et l'universalisme français, toutes trois d'essence helléno-chrétienne, il apparaît que la dernière civilisation de la sphère post-méditerranéenne à ne s'être pas encore totalement soumise à l'Empire est le monde musulman.

Sans entrer dans un débat théologique pour lequel nous n'avons ni compétence ni légitimité, encore devons-nous distinguer dans cet islam complexe et compliqué, n'ayant ni clergé pour dire le dogme ni Califat depuis 1924 et la chute de l'Empire turc pour imposer une politique, deux grandes tendances du point de vue des intérêts français et européens…

ISLAM DE RÉSISTANCE : RÉVOLUTION ISLAMIQUE D'IRAN, HEZBOLLAH, HAMAS…

Un islam de résistance à l'Empire cohérent, articulé autour de la République islamique d'Iran, comprenant aussi le Hezbollah libanais et le Hamas palestinien.

Islam de résistance parfaitement exprimé par les discours et les actes du président Mahmoud Ahmadinejad : solidarité avec la révolution bolivarienne du président du Vénézuela, Hugo Chavez, accords de coopération avec le régime syrien baasiste, soutien logistique aux combattants palestiniens sunnites, contestation de la version officielle des attentats du 11 septembre à la tribune de l'ONU.

Une politique authentiquement anti-impérialiste et antisioniste qui refuse de tomber dans le piège du «conflit de civilisations»…

ISLAM DE COLLABORATION ET DE PROVOCATION : ARABIE SAOUDITE, AL-QAIDA, BEN LADEN…

À l'opposé, un islam présenté comme radicalement antioccidental, mais jouant pleinement le jeu du «conflit de civilisations» dans un partenariat pervers avec l'Amérique.

La monarchie saoudienne, qui le promeut et le finance un peu partout dans le monde, étant en réalité totalement dépendante et complice des États-Unis par le pacte de Quincy ; pacte signé en 1945 entre Ibn Saoud et Franklin D. Roosevelt, garantissant au régime wahhabite la protection militaire américaine en échange du monopole sur ses concessions pétrolières.

Un partenariat militaire et économique encore renforcé depuis 1973 par la mise en place du pétrodollar (voir chap. 2).

Une relation trouble entre islam radical et Empire, à l'origine de la création d'Al-Qaida d'Oussama ben Laden, et d'une façon générale de cet «extrémisme islamique» dont le rôle objectif est de pousser à la confrontation les populations musulmanes et chrétiennes d'Europe – que ce soit par la sécession du Kosovo voulue par l'OTAN, ou le prosélytisme du voile intégral sur le sol français – et ce pour le plus grand profit de l'Empire américain…

FACE À L'EMPIRE : L'ESPOIR D'UN MONDE MULTIPOLAIRE GARANTI PAR LA RUSSIE ?

Face à l'hégémonie américaine, une autre opposition à l'Empire est l'alliance des États aspirant à un autre ordre mondial multipolaire.

Une opposition initiée et rendue possible par l'accession au pouvoir en Russie de Vladimir Poutine. Prise de pouvoir qui mit un terme, à partir de l'an 2000, à la trahison de Boris Elstine – sorte de Sarkozy français – qui depuis la chute de l'URSS, en 1991, avait totalement soumis la Fédération de Russie à la puissance américaine.

Un contrepoids conséquent à l'Empire, initié par la création du «Groupe de Shangaï» en 2001, et qui permit les insoumissions frontales de l'Iran et du Vénézuela, ainsi que les insoumissions plus discrètes de grands pays comme le Brésil puis la Turquie…

Une opposition frontale à l'Empire malheureusement partiellement remise en cause depuis l'élection de Dimitri Medvedev…

FACE À L'EMPIRE :
LA MONTÉE IMPÉRIALE DE LA CHINE ?

Une relation différente à l'Empire est celle de la Chine, à la fois candidate à la succession impériale des États-Unis comme nouvelle hyper-puissance mondiale, mais également, tant que son marché intérieur n'aura pas rejoint sa production, partenaire obligé des États-Unis sur le plan économique ; les États-Unis achetant, à crédit, ce que la Chine produit.

Une relation de rivalité et de complémentarité dont tout indique, sauf option militaire, que la Chine sortira victorieuse, mais qui risque fort, pour la France et l'Europe, de se traduire par le simple remplacement d'une domination impériale par une autre.

Une nouvelle domination impériale qui scellerait néanmoins la fin de dix-sept siècles de prééminence du monothéisme abrahamique sur notre monde méditerranéen…

ET SI LA RÉVOLTE VENAIT
DU PEUPLE AMÉRICAIN ?

Montée de la Chine voire de l'Inde… Quoi qu'il advienne de ce déplacement inéluctable de la puissance économique industrielle vers l'Eurasie, aucun coup ne serait plus fatal à l'Empire qu'une révolte venant des États-Unis même ; soit du lieu de la domination mondiale depuis 1913 et la création de la Réserve fédérale américaine (voir chap. 2).

Une révolte possible, et même probable, du peuple américain venue des classes moyennes en voie de paupérisation extrême, guidée par une fraction des élites WASP patriotes, contre cette oligarchie bancaire apatride en train d'achever de ruiner le pays, tant sur le plan industriel que sur le plan de son rayonnement international.

Des signes de révolte qui se multiplient en effet sur deux fronts :

– le front économique : la classe entrepreneuriale enracinée d'essence anglo-saxonne et protestante (historiquement incarnée par Henry Ford) tendant de plus en plus à se révolter contre les spéculateurs de Wall Street, passés peu à peu du partenariat à la pure prédation ;

– le front de la politique étrangère qui en est l'extension par la domination de cette oligarchie financière sur le Congrès : le soutien inconditionnel à l'état d'Israël s'avérant de plus en plus contraire aux intérêts américains (notamment sur la question iranienne) et soulevant les protestations grandissantes d'américains de premiers plans issus aussi bien du camp démocrate, comme Jimmy Carter, que du camp républicain, comme Ron Paul.

Un front du refus parfaitement exprimé et synthétisé par l'ouvrage publié en 2009 : *Le Lobby pro-israélien et la politique étrangère américaine* des deux universitaires américains, Stephen M. Walt et John J. Mearsheimer.

Une révolte anti-impériale américaine qui sonnerait la revanche de l'Amérique des pionniers contre les *rubber barons* de Wall Street, tout puissants depuis 1913, dans ce sourd combat mené depuis l'Indépendance par les patriotes américains authentiques (voir chap. 2) contre les oligarques apatrides issus de la City de Londres…

LA FRANCE FACE À L'EMPIRE

Dans ce contexte de brutalité impériale, faite de prédation économique et de manipulations ethnico-religieuses, la France se trouve en première ligne, tant sur le plan économique que confessionnel.

– En première ligne du fait de la volonté de mise au pas du modèle social français par le néo-libéralisme anglo-saxon.

– En première ligne du fait de la présence des plus grandes communautés musulmanes et juives d'Europe dans notre république laïque et assimilatrice.

Autant de tensions et de pièges qui menacent l'«exception française» sur le plan économique et social, l'«universalisme français» sur le plan social et culturel, et qui pouvant mener tout droit à la guerre civile, exigent quelques mises au point et éclaircissements…

LE MENSONGE GAUCHE / DROITE

D'abord le mensonge gauche / droite.

Depuis l'élection de Sarkozy la preuve semble faite qu'il n'y a plus ni gauche ni droite.

Même si l'ouverture à gauche du gouvernement Fillon est en réalité l'union sacrée des libéraux-atlantistes, il est clair qu'il n'y a plus guère de différence, sur le plan de l'économie comme des questions de société, entre la gauche bobo du PS et la droite libérale pseudo sécuritaire d'un Sarkozy.

Et si pour les gauchistes, Sarkozy est un homme de droite, parce que sécuritaire – ce qui est lui faire une publicité qu'il ne mérite pas, son sécuritarisme ne s'appliquant qu'à la petite bourgeoisie blanche des automobilistes – pour ceux de la droite nationale, Sarkozy est un homme de gauche : droit-de-l'hommiste et antiraciste, au mieux une sorte de Tony Blair français.

En fait, on peut aussi bien dire aujourd'hui que les politiciens du système sont tous de gauche : tous pour le droit du sol, le mariage gay… Ou qu'ils sont tous de droite : tous ralliés à la domination politique intégrale de l'économie de marché.

Mais cette confusion de la gauche et de la droite vient aussi de la confusion de leur définition. Confusion de leur définition, de gauche, de droite, qui nous amène à rappeler qu'il y a deux façons de définir la gauche et la droite.

Il y a d'abord, historiquement, la définition de droite qui nous vient de l'Ancien régime.

Définition qui voit dans la droite les valeurs positives d'honneur, de morale, de respect des anciens et de la hiérarchie. La gauche étant alors la destruction de ses valeurs par le libéralisme montant qui débouchera sur la Révolution française.

Le libéralisme, ses valeurs de calcul amoral et sa destruction de l'ordre ancien devant être considéré, en bonne logique, comme le mal et la gauche ; ce que certains hommes qui se pensent de la droite traditionnelle ont tendance à oublier, quand ils se rallient systématiquement au libéralisme en pensant faire leur devoir d'hommes de droite !

Il y a ensuite la définition de gauche qui nous vient du marxisme et de la Révolution d'octobre, pour qui ce qui définit la gauche et la droite est le rapport Capital / Travail.

Est de gauche ce qui favorise le Travail. Est de droite ce qui favorise le Capital.

Selon cette définition bien comprise, un patron de PME est donc de gauche, puisque du côté du travail productif; un actionnaire du MEDEF est au contraire de droite, puisque du côté de la rente, de l'exploitation et du parasitisme; tout comme le fils de famille oisif, fut-il gauchiste ou RMiste professionnel.

On remarquera au passage que les valeurs de la Révolution française, formellement de gauche, puis-que fondées sur un égalitarisme abstrait et déclaratif, mais pratiquement de droite, puisque triomphe du libéralisme montant, ne permettent pas de trancher nettement entre les deux camps : de gauche comme le peuple, ou de droite comme la bourgeoisie ?

Ce qui nourrit encore la confusion française.

De cette première clarification des gauches et des droites, on peut déjà conclure qu'un mouvement populaire qui défend à la fois les valeurs morales et le monde du travail est de droite, selon la première définition, et de gauche selon la seconde.

Ce qui ne veut pas dire qu'il n'existe plus ni gauche ni droite et encore moins que tout se vaut, mais qu'il existe une droite morale qui est, si on y réfléchit bien, l'alliée de la gauche économique et sociale. Et, à l'inverse, une gauche amorale qui s'est révélée être la condition idéologique de la droite économique dans sa version la plus récente et la plus brutale.

Remarque qui part de la pensée de Proudhon pour nous mener à Mai 68, à la société de consommation et au fameux libéralisme-libertaire. Un libéralisme-libertaire qui n'est rien d'autre que la gauche sociétale – dite aujourd'hui gauche bobo – au service de la droite d'affaires, afin de détruire à la fois la gauche sociale et la droite morale unies par le CNR jusqu'à Mai 68 (voir chap. 4).

Un libéralisme-libertaire dont le rôle était donc de détruire en même temps :

– la gauche sociale incarnée à l'époque par le PCF ;

– et la droite morale, incarnée à la même époque par de Gaulle et son monde des valeurs de culture maurrassienne.

Une double destruction au service du pouvoir de l'argent qui explique l'incroyable réussite politique et mondaine des soi-disant parias de Mai 68 ; soit l'alliance Pompidou / Cohn-Bendit suivie de l'alliance Giscard / BHL…

CONTRE LE MENSONGE GAUCHE / DROITE : L'UNION DE LA GAUCHE DU TRAVAIL ET DE LA DROITE DES VALEURS

À la lumière de cette analyse, quel point commun y a t-il entre la droite des valeurs et la droite financière ?

Aucun, sinon la prétention à la domination politique par deux groupes sociaux en réalité inconciliables :

– l'un se fondant sur un ordre moral et la hiérarchie du monde ancien ;

– l'autre sur l'amoralisme intégral et moderne

de la loi du profit, porte ouverte à tous les arrivismes, toutes les décadences et toutes les mobilités sociales.

Une union de deux groupes à prétention dominatrice où le premier, qui n'en a pas les moyens, se met au service du second qui ne partage aucune de ses valeurs : les libéraux se servant chaque fois des réactionnaires qu'ils ont historiquement vaincus et chassés du pouvoir, comme autant d'idiots utiles pour garder la majorité contre le peuple, par la fameuse : « union des droites ».

Soit l'éternelle manipulation de la très respectable droite des valeurs, portée par la classe moyenne, par le monde de l'argent, issu lui de la gauche historique…

FAIRE BARRAGE À LA GAUCHE, FAIRE BARRAGE À LA DROITE, MÊME COMBAT

À cette union stupide et mensongère de « l'union des droites pour faire barrage à la gauche » répond bien sûr la non moins stupide et mensongère « union des gauches pour faire barrage à la droite », défendue aujourd'hui par Jean-Luc Mélenchon.

Un Mélenchon qui sait pourtant très bien que la gauche libertaire et sociétale d'un Cohn-Bendit est la pire ennemie, sur le plan économique et social, de la gauche du travail encore défendue par la base du PCF et de la CGT.

Analyse implacable dont il faut logiquement et politiquement conclure que face à cette fausse opposition gauche / droite, masquant en réalité l'alliance croisée de la droite financière et de la gauche libertaire, seule l'union symétrique de la gauche du travail et de la droite des valeurs peut constituer une opposition véritable…

POUR EMPÊCHER L'UNION SACRÉE POPULAIRE : LA MÉCANIQUE ANTIFASCISTE

Une union gagnante du prolétariat et de la classe moyenne que le pouvoir de l'argent doit absolument empêcher en pérennisant, par les médias et les clercs stipendiés (voir chap. 3), l'illusion de l'opposition gauche / droite.

Une opposition gauche / droite essentialisée et artificiellement maintenue depuis 1945 par le « pacte antifasciste ».

Un antifascisme désormais sans fascistes, mais scellant sur le dos des vaincus de la Seconde Guerre mondiale, le partage du pouvoir et l'alliance discrète des libéraux atlantistes et des communistes.

Communistes remplacés après Mai 68 par les gaucho-trotskistes.

Un antifascisme sans fascistes qui est littéralement l'outil d'endoctrinement, de propagande et de terreur morale qui permet aujourd'hui encore, malgré l'évidence économique, le maintien électoral de l'authentique fascisme impérial :

Cette domination du Capital dans sa forme la plus parasitaire – anti-industrielle et financière - pour l'asservissement du peuple par son exploitation et sa paupérisation…

D'OÙ LA MASCARADE DE L'ALTERNANCE

Une union empêchée poussant les électeurs floués à l'impuissance du vote sanction systématique : un coup à droite avec Sarko en 2007, un coup à gauche avec Strauss-Kahn en 2012 (?), pour la continuation depuis 1969 de la même politique…

INSTRUMENTALISATION DES TENSIONS ETHNO-CONFESSIONNELLES : LA MÉCANIQUE ANTIRACISTE

À cette mascarade de la fausse opposition gauche / droite maintenue par l'antifascisme pour dévier les tensions sociales dans un sens favorable au mondialisme financier, vient s'ajouter la manipulation des tension ethno-confessionnelles afin d'ethniciser la crise : « arabes » contre « souchiens » tous au bas de l'échelle sociale, plutôt que Travail contre Capital.

Une culpabilisation du peuple du travail par l'antiracisme, qui s'est substitué à la question sociale depuis les années Mitterrand ; antiracisme institutionnel lui-même construit sur l'anticolonialisme…

LA COLONISATION, TRAHISON DE GAUCHE DE L'UNIVERSALISME FRANÇAIS

Pas plus que la dénonciation de la mascarade antiraciste ne signifie la réhabilitation du racisme, la critique de l'anticolonialisme gauchiste ne signifie l'apologie de la colonisation.

Pour être encore plus clair : au regard de l'universalisme français dont se réclamaient les colonisateurs de la Troisième République, issus de la gauche maçonnique, la colonisation fut un mensonge et une erreur.

Un mensonge, parce qu'avec un Jules Ferry déclarant à la Chambre : *les races supérieures ont sur les races inférieures un droit qu'elles exercent, ce droit, par une transformation particulière, est en même temps un devoir de civilisation,* ajoutant, pour être encore plus explicite : *ma politique, c'est la théorie, non pas du rayonnement pacifique, mais du rayonnement par la guerre. Ma politique, c'est une succession d'expéditions guerrières aux quatre coins du monde !* cette colonisation ne pouvait pas déboucher pour les peuples colonisés sur l'égalité citoyenne, mais sur l'indigénat ; soit un statut à peu près comparable à celui du Palestinien !

Une erreur, parce que cette course au marché captif du débouché colonial sonna aussi notre déclin économique et technique face à l'Allemagne de Bismarck qui, elle, avait choisi l'exigence du marché européen.

Une colonisation de gauche, laïquarde et républicaine, à laquelle s'opposait d'ailleurs, soit dit en passant, la droite monarchiste et catholique du maréchal Lyautey.

Une colonisation française finalement bien plus indéfendable, parce qu'elle prétendait se faire au nom des valeurs d'égalité et de fraternité issues de la Révolution française, que la colonisation anglaise accomplie plus honnêtement au nom du commerce et du roi…

MENSONGE DE LA COLONISATION...
ET DE LA DÉCOLONISATION

Au mensonge de la colonisation française, faite d'arrogance impériale pour oublier l'humiliation de la défaite de 1870 face à l'Allemagne – comme le rappelait Clémenceau – et de mauvais commerce – analysé en profondeur par Jacques Marseille – succèdera le mensonge de la décolonisation.

La décolonisation : soit, sous prétexte d'antiracisme, la fin des coûts que représentait la continuité républicaine : routes, casernes et autres infrastructures incarnant la « civilisation » chère à Jules Ferry... pour ne garder aux multinationales que les bénéfices : extractions des matières premières et commerce inégal.

Une colonisation plus discrète et enfin rentable – appelée aussi « Françafrique » – accomplie, ne l'oublions pas, avec la complicité des élites indépendantistes auxquelles les élites impériales redistribuent toujours, pour leur silence et leur collaboration (essentiellement dans la répression des mouvements indépendantistes authentiques), une belle part du gâteau...

DE LA CULPABILITÉ COLONIALE À
L'ESCROQUERIE ANTIRACISTE

Ainsi, par la mascarade de l'antiracisme, succédant elle-même à la mascarade de la décolonisation, le peuple, constitué majoritairement d'ouvriers descendant de serfs – soit lui-même « colonisé de l'intérieur » – et qui n'a rien à voir ni jamais rien gagné à la colonisation, se voit traité de colon par un Français de fraîche date qui ne l'a jamais subie lui même et qui, des deux, en est l'unique bénéficiaire. Unique bénéficiaire, puisque sans l'épopée coloniale, ce Français-quand-ça-l'arrange croupirait encore au Gabon, ou sous la botte des généraux algériens très démocrates et partageux comme on sait !

Injure injuste envers le peuple de France, par laquelle ce colonisé permanent entend bénéficier du privilège symbolique de l'éternelle victime ; sans oublier, si le devoir de mémoire accompagné de repentance progressent encore un peu, de réparations sonnantes et trébuchantes !

Une escroquerie morale doublée d'une aporie intellectuelle, puisque cette condamnation du colonialisme se fait au nom des « droits de l'homme », quand ces fameux « droits de l'homme » font partie intégrante du bagage colonial.

Une posture et une imposture d'ailleurs totalement contraires aux valeurs de l'islam, mais qui furent inculquées à cet ancien « pote », redevenu « indigène », par les éducateurs gauchistes et autres manipulateurs trotskistes de SOS racisme, pour son plus grand malheur…

DERRIÈRE L'ANTIRACISME : L'IDÉOLOGIE DU MÉTISSAGE

Un antiracisme aberrant et contreproductif, puisque qu'il pousse à la haine raciale aussi bien le Blanc injustement insulté, que le Noir qui voit dans le Blanc un éternel colon, derrière lequel se cache aussi l'idéologie du métissage.

Cette idéologie raciale du mondialisme, qui n'est pas l'apport réciproque du meilleur de deux civilisations pour donner le jazz musette de Django Reinhardt, mais la destruction de toutes les cultures enracinées par leur mixage forcé, débouchant sur le melting-pot, Babel et l'ilotisme.

Cette *world culture* de la maille du délinquant bling-bling en survêt et casquette en tous points libérale, illustrée dans tout son sordide par les gangs ethniques, mais tous identiques, des ghettos nord-américains.

Un métissage qui n'est rien d'autre que le colonialisme du mondialisme que nous subissons tous, souchiens comme indigènes...

L'ANTIRACISME AU SERVICE DE L'INÉGALITÉ SOCIALE : LE MENSONGE DE LA DIVERSITÉ

Un antiracisme qui, quand il n'est pas l'apologie du métissage, est l'apologie toute aussi néfaste du communautarisme.

Une «politique de la diversité» qui prétend – après les femmes, les jeunes et les gays – faire la promotion des «minorités visibles», mais qui consiste, en réalité, à pousser en avant quelques «collabeurs» et «négros de service», style Fadela Amara et Rama Yade, renvoyés une fois usés à leur anonymat.

Une volonté de racialisation des rapports sociaux qui, outre renforcer les tensions ethniques en période de crise, ne sert qu'à masquer la baisse générale de l'égalité sociale et la panne de l'ascenseur républicain en régime néo-libéral...

DE L'ANTIRACISME À L'ANTI-ISLAMISME OU LE GRAND RETOURNEMENT (15 MARS 2004)

Un communautarisme et une racialisation des rapports sociaux qui s'accompagnent en sus, dans toute l'Europe, du grand retournement de l'antiracisme institutionnel en anti-islamisme (voir chap. 6).

Un retournement d'alliance, au nom de la laïcité, opéré sous la pression des réseaux maçonniques et sionistes, et sanctionné en France par la loi antifoulard du 15 mars 2004, aggravée depuis par la loi anti-burqa du 14 septembre 2010.

Une stigmatisation orchestrée des musulmans, désormais désignés comme boucs-émissaires au peuple de souche touché par la crise, par ceux-là même qui les ont fait venir et poussés à l'agressivité anti-française, afin que la colère sociale légitime envers les élites mondialistes, fort peu musulmanes, se transforme en guerre civile inter-ethnique.

Un changement de cap qui s'est déjà traduit sur le plan politico-médiatique par l'éviction d'un Julien Dray au profit d'Alain Finkielkraut pour le discours d'élite; suivi maintenant d'Éric Zemmour dans sa version grand public...

DU DÉCLIN DE L'ANTIRACISME À L'ÉCOLOGIE

Mais la nature de la gauche sociétale ayant horreur du vide, il faut bien remplacer l'immigré – son rôle de jaune dans le dumping social et de métisseur involontaire – par une autre cause tout autant sans frontières et propice au Marché.

Fi donc de l'islamiste, l'Arabe laisse la place à

l'arbre dans le cœur versatile du bobo, dont le combat désormais sera l'écologie…

LE RETOUR À L'ASSIMILATION, MAIS QUELLE ASSIMILATION ?

Pour contrer cette montée des tensions, l'idéal bien sûr serait le retour à l'assimilation : que nous adhérions tous, immigrés comme de souche, à l'universalisme français.

Seulement, petit problème, durement écorné par le mensonge colonial, un siècle d'ethnologie et deux guerres mondiales européennes qui nous en ont fait rabattre sur la supériorité de l'Occident des Lumières, ce modèle, nous Français, n'y croyons plus nous-mêmes.

Sans compter que dans le même temps, nos élites républicaines – y compris Éric Zemmour par son soutien à l'atlantiste Sarkozy – se sont tous ralliés au modèle néo-libéral et communautaire anglo-saxon qui en est l'exacte négation.

Leur combat pour l'assimilation se réduisant du coup à se plaindre, en sortant du dîner du CRIF, que le Quick – spécialité ô combien française – puisse désormais être hallal !

L'INSTRUMENTALISATION IMPÉRIALE DU SURSAUT IDENTITAIRE

Bien sûr cette situation générale de métissage forcé finit forcément par générer, au sein du peuple, un authentique et légitime sursaut identitaire.

Sursaut identitaire malheureusement instrumentalisé par les réseaux francs-maçons et sionistes – via Riposte laïque et la Ligue de défense juive (LDJ) – pour faire des «apéros saucisson et pinard» un ramassis de gueulards avinés appelant à la *Reconquista* afin de hâter, sur le modèle yougoslave, l'éclatement du pays par la guerre civile inter-ethnique.

Le tout pour le plus grand bénéfice du projet mondialiste qui prospère sur le décombre des Nations...

L'AVENIR DE L'ISLAM EN FRANCE : MUSULMANS PATRIOTES CONTRE ISLAMO-RACAILLES

Quant à savoir si l'islam est un bien ou un mal pour la France, rappelons que pour cette religion sans clergé, il n'existe pas qu'un islam pilotant une horde compacte et disciplinée de musulmans du haut d'un quelconque Califat, mais une diversité de musulmans livrés à des pouvoirs divers, dont la plupart se tiennent loin de l'agitation comme de la politique.

D'abord les anciens, issus du travail immigré d'avant le regroupement familial, qui pratiquent un islam culturel et discret : vieux travailleurs prolétaires, au mieux petits commerçants encadrés à la fois par le pays d'origine, Algérie, Maroc, Tunisie... et l'État français, ministère de l'Intérieur, relais socialistes, CRIF... en apparence indépendants les uns des autres mais depuis des lustres la main dans la main.

Une vieille génération de musulmans élevés dans la soumission et la crainte du pouvoir, que ce soit celui de l'ancienne France coloniale ou des dictatures «décolonisatrices» toutes aussi reluisantes qui lui ont succédé.

Aussi, prétendre que ces petites gens, présents sur notre territoire depuis quarante ans et plus, posent des problèmes de délinquance est parfaitement malhonnête.

Les jeunes ensuite, nés eux sur le territoire, Français n'ayant connu en fait que la France, et réagissant en Occidentaux nourris aux "droits de l'homme" aux provocations anti-islamistes ; provocations qui sont devenues monnaie courante depuis le retournement d'alliance de la loi anti-foulard de 2004.

Une nouvelle génération de musulmans qui ne suit plus l'ancienne, c'est-à-dire ni l'imam du bled ni celui du ministère de l'Intérieur ou du CRIF – c'est d'ailleurs le même – et qui, pour compliquer les choses, se divise en deux camps de plus en plus opposés.

D'un côté : cette nouvelle génération de Français musulmans intégrés, diplômés et entrepreneurs, cherchant dans la théologie islamique les raisons de sortir de la catastrophique posture victimaire – imposée par SOS Racisme – afin de pouvoir enfin aimer pleinement et sincèrement leur pays : cette France dans laquelle ils savent, pour avoir les moyens de comparer avec le pays d'origine dans lequel ils n'ont aucune envie de retourner si ce n'est en vacances, qu'être né est une chance.

De l'autre et à l'opposé : cette nouvelle génération de paumés, issus des ghettos de la relégation et d'un déclassement chaque jour aggravé par la crise mondiale, porteurs d'une idéologie délinquante américaine libérale prolongeant désormais dans un salafisme bricolé et superficiel – type *Un Prophète*, de l'ancien animateur de supérette rêvant d'Hollywood, Abdel Raouf Dafri—leur haine revancharde d'une France coloniale qui ne l'a jamais été de leur vivant; une haine confuse et épaisse, issue en droite ligne du rap anti-gaulois fort peu islamique, mais étrangement promu depuis vingt ans au rang de «culture jeune» par les médias dominants.

Les premiers, élevés dans un patriarcat ayant échappé à la féminisation 68, à la fois issus de la gauche du travail (études menées à bien malgré le handicap social), mais pratiquant la droite des valeurs (retour à la tradition contre les sirènes du matérialisme moderniste) sont incontestablement une chance pour la France, si on entend par là l'espoir de son redressement.

Les seconds, voyous apatrides, désormais utra-violents, cultivant la haine du Blanc, et qui sont effectivement—sauf pour le facteur de Neuilly toujours fan, de son Montmartre bobo, du ringard Joey Starr — ce que tous les observateurs lucides en disent, que ce soient les démographes intègres, la police débordée, le petit peuple, toutes ethnies confondues, et même les «identitaires» qui sont, côté gaulois, leur exact pendant: ces «islamoracailles» à mettre rapidement hors d'état de nuire avec, pourquoi pas, déchéance d'une nationalité française qu'ils haïssent et billet gratuit vers ces paradis islamiques qu'ils idéalisent: Kosovo, Tchétchénie, Arabie saoudite… Ce qui serait sans doute la plus cruelle, mais la plus salutaire sanction à leur infliger!

POUR UNE RÉCONCILIATION NATIONALE :
AOUN ET NASRALLAH PLUTÔT QUE
MILOSEVIC ET LE KOSOVO

De l'issue de ce combat entre ces deux jeunesses : musulmane patriote et islamoracaille, désormais face à face et opposées en tout – y compris en islam – dépend en fait, outre la crise économique, le chaos de la guerre civile ou le redressement par la réconciliation nationale.

Et dans ce combat pour la France, nous devons apporter tout notre soutien aux premiers : ces patriotes musulmans qui travaillent, entreprennent et ramènent des médailles pour le drapeau dans les compétitions sportives… Comme nous devons rompre désormais avec toute dialectique de l'excuse, être intransigeant avec les seconds qui se comportent eux, n'en déplaise à la confuse et manipulée Houria Bouteldja, comme une horde de sous-chiens.

Un combat qui ne se joue donc pas entre Français et musulmans, comme voudraient nous le faire croire les agents de l'Empire, mais entre fils de France aimant vraiment la France et ennemis de la France, toutes couleurs et toutes religions confondues.

Le salut du pays étant plutôt à aller chercher du côté de la réconciliation nationale entreprise au Liban par le général Aoun, président du Courant patriotique libre, chrétien maronite, et Hassan Nasrallah, secrétaire général du Hezbollah musulman, que du côté de la Yougoslavie, où l'entreprise de *Reconquista* menée par un Slobodan Milosévic entièrement noyauté par la CIA, a conduit finalement à la partition du Kosovo voulue par l'OTAN…

CONCLUSION :
DEMAIN LA GOUVERNANCE GLOBALE
OU LA RÉVOLTE DES NATIONS ?

Instrumentalisation de l'humanisme helléno-chrétien, noyautage de la République par les réseaux, exacerbation des antagonismes de classes, manipulation de la démocratie d'opinion… Tout indique qu'un long processus, initié au XVIIIe siècle par une oligarchie bancaire mue par l'*hybris* de la domination, approche de son épilogue.

Un projet concerté, passé par de multiples sauts, de Venise à New York en passant par Francfort et Londres, qui ne s'est pas accompli sans heurts, mais qui semble aujourd'hui proche de son achèvement, puisque après plus de deux siècles de travail occulte, il ose enfin se présenter sous son nom.

Ce Nouvel ordre mondial par lequel cette oligarchie prédatrice exige désormais, par la voix de ses serviteurs aussi bien de droite, comme Bush père et fils, que de gauche, comme Rocard ou

Strauss-Kahn, que lui soient remis les pleins pouvoirs.

Exigence d'une « gouvernance globale » au-dessus du suffrage citoyen ; exigence d'un « gouvernement mondial » sur les décombres des Nations présenté comme ultime solution aux crises, aux famines et aux guerres favorisées à dessein.

Une tentative d'imposer par la ruse un pouvoir dictatorial qui met, à l'horizon 2012, le monde occidental face à ce choix qui l'engage tout entier :

La soumission totale à cette oligarchie spoliatrice qui n'a eu de cesse, depuis plus de deux siècles, d'organiser cette « guerre de tous contre tous » annoncée par Marx, pour parvenir à cette fin.

Ou la révolte des peuples enracinés réduits en esclavage, quand ce n'est pas poussés à la misère, contre cette oligarchie nomade aux procédés sataniques menant, pour son seul intérêt, le monde à cet « âge sombre » décrit par la Tradition.

2012 : soit la dictature de l'Empire ou le début du soulèvement des peuples. La gouvernance globale ou la révolte des nations.

TABLE DES MATIÈRES

Achevé d'imprimer par Corlet, Imprimeur, S.A. - 14110 Condé-sur-Noireau
N° d'Imprimeur : 136308 - Dépôt légal : février 2011 - *Imprimé en France*